LES AMOVRS

DE

IVPITER

ET DE

SEMELE'

TRAGEDIE.

Claude

Par Monsieur BOYER.

Claudus Gobreau patronur

A PARIS,

Chez GVILLAVME DE LVYNE,
Libraire Iuré, au Palais en la Salle des
Merciers sous la montée de la
Cour des Aydes, à la Iustice.

M. DC. LXVI.
Auec Priuilege du Roy.

AV ROY.

IRE,

Ceux qui verront à la te-
ſ. de mon Ouurage Voſtre
Auguſte Nom auec celuy de
Iupiter, s'imagineront ſans
doute, que je veux m'attacher à ces belles comparaiſons
ã ij

EPISTRE.

qu'on peut faire du plus grand des Rois auec le plus puiſ-ſant des Dieux, & que cher-chant la verité dans la fa-ble j'en veux tirer vn grand fonds de loüanges pour la gloi-re de Voſtre Majeſté ; mais ce n'eſt pas mon deſſein, de m'engager dans vne carriere ſi vaſte & ſi difficile : vne matiere ſi importante ne peut eſtre dignement expliquée qu'-auec le langage des Dieux, & par les bouches immortel-les de l'Hiſtoire & de la Re-nommée. D'ailleurs, SIRE, & ie veux bien l'aduoüer à

EPISTRE.

Vostre Majesté, le seul interest de mon Ouurage m'a
inspiré la hardiesse de vous
le consacrer ; j'ay crû que ie
n'auois que ce moyen pour a-
cheuer sa gloire, & pour asseurer sa reputation, & que
pour faire valoir mon present,
ie pourrois publier hautement
qu'il a eu l'honneur de plaire
à Vostre Majesté ; quoy que
la plus illustre Cour de l'Europe puisse rendre ce témoignage, ie n'ay garde de perdre vne si belle occasion d'en
parler. Puis-je laisser à la
Posterité vne idée plus auan-

EPISTRE.

tageuse de la bonne fortune de ma Piece, que celle d'a-uoir amusé agreablement le plus grand Roy du monde, d'auoir suspendu trois heures de suitte ces glorieux soins & cette Royale inquietude qu'il donne à la conduite de la premiere Monarchie de la terre, & d'auoir enfin occupé l'attention d'vn esprit, dont les vastes pensées embrassent toutes les parties de l'Europe, & s'estendent iusques aux deux bouts de l'Vniuers? Mais, SIRE, l'ozeray-je dire à Vostre Majesté? Il

EPISTRE.

n'en falloit pas moins pour vne Muse aussi ambitieuse que la mienne : elle ne compte le succés de son ouurage que du iour de vostre approbation. Ie diray bien dauantage, la gloire de plaire à Vostre Majesté donne vne ioye si pretieuse & si delicate, que ie sens pour elle vne auidité qui n'a point de bornes ; rien ne peut arrester cette ambition déreglée, pour la satisfaire ie ne voy rien au dessus de mon courage & de mes forces, & i'oze esperer qu'elles pourront égaller le zele

EPISTRE.

ardent & le profond respect auec lequel ie suis,

SIRE,

De Vostre Majesté,

Le tres-humble, tres-obeïs-
sant & tres fidelle serui
teur & sujet BOYER.

Priuilege du Roy.

LOVIS par la grace de Dieu Roy de France & de Nauarre, à nos amez & feaux Conseillers les Gens tenans nos Cours de Parlement, Baillifs, Senefchaux, Preuofts, leurs Lieutenans, & autres nos Iufticiers & Officiers qu'il appartiendra, Salut; Noftre cher & bien amé GVILLAVME DE LVYNE Marchand Libraire en noftre ville de Paris nous a fait remonftrer qu'il a recouuré vn Poëme intitulé, *Les Amours de Iupiter & de Semelé Tragedie de la composition du sieur BOYER*, qu'il defireroit faire imprimer s'il auoit nos Lettres à ce neceffaires: A ces caufes voulant le fauorablement traiter, luy auons permis & octroyé, permettons & octroyons par ces prefentes d'imprimer ledit Poeme, & iceluy vendre & debiter durant cinq ans, pendant lesquels faisons effenses à tous autres Imprimeurs & Libraires de l'imprimer sans son consentement, ou de ceux qui auront droit de luy, à peine de confiscation des exemplaires, de deux mil liures d'amende, despens, dommages & interests de l'exposant, à la charge d'en mettre deux Exemplaires en nos Bibliotheques publiques & Chasteau du Louure, & vn en celle de nostre tres-cher & feal Cheualier Chancelier de France, auant que de les exposer en vente; comme aussi de faire regiltrer ces presentes au registre du Syndic de la Communauté des Libraires & Imprimeurs de nostredite ville de Paris à peine de nullité d'icelles, du contenu desquelles vous mandons faire ioüir l'Exposant pleinement & paisiblement, sans permettre qu'il y soit contreuenu en aucune maniere que ce soit. Si voulons qu'en mettant au commencement ou à la fin de chacun Exemplaire vn Extrait des presentes, qu'elles soient tenües pour deüement signifiées, & que foy y soit adioustée comme au present original. Mandons en outre au premier nostre Huissier ou Sergent de faire en execution tous exploits dont il sera requis, sans autre permission ; nonobstant Clameur de Haro, Chartre Normande & autres Lettres à ce contraires: CAR tel est nostre plaisir. DONNE' à Paris le dernier iour de Iannier l'an de grace mil six cent soixante-six, & de nostre regne le vingt-troisiéme. Par le Roy en son Conseil. GVITON-NEAV. Et seelé.

Et ledit de Luyne a fait part du present Privilege à Thomas Iolly, Estienne Loyson & Gabriel Quinet, pour en iouyr suiuant l'accord fait entr'eux.

Registré sur le liure de la Communauté le 2. Mars 1666. Signé PIGET Syndic. Acheué d'imprimer le 15. Mars 1666.

ACTEVRS.

Dieux.

IVPITER.
IVNON.
VENVS.
AVRORE.
MOMVS.
APOLLON.
MELPOMENE.
THALIE.
EVTERPE.
AMOVRS.
HEVRES.
IEVNESSE.
PLAISIRS.
FVREVRS POE-
  TIQVES.
FANTOSMES.
IALOVZIE.
MERCVRE.
RENOMME'E.

Hommes.

CADMVS, *Roy de Thebes.*

HERMIONE, *Reine de Thebes.*

SEMELE', *Fille du Roy de Thebes.*

ALCMEON, *Prince de Thebes.*

ATYS, *Capitaine des Gardes de Cadmus.*

DIMAS, *Suiuant d'Alcmeon.*

DIRCE', *Confidente de Semelé.*

CHOEVR DE BERGERS.

CHOEVR DE THEBAINS.

SVITTE.

LES

LES AMOVRS

DE

IVPITER

ET DE

SEMELE,

TRAGEDIE.

PROLOGVE.

L'Ouuerture du Théatre fait voir de front le Mont-Parnasse qui s'éleue du fonds du Théatre jusques aux nuës, auec des allées de Cyprez entremeslées de statuës de Roys & de Heros, & l'on entend à mesme temps des Trompettes & des Clairons.

A

MELPOMENE qui est la Déesse de la Tragedie, paroist au fonds du Théatre, & s'estant aduancée, elle dit:

SVperbes demy-Dieux dont les noms esclatans
Triomphent de l'oubly, de la mort & du temps,
Vous que ie fais reuiure auecque tant de gloire,
Heros conteutez vous des honneurs de l'histoire.
Le siecle de Loüis confond tout vostre orguëil
Pourquoy vous retirer des ombres du cercuëil,
Pour faire à ce grand Roy quelque nouueau spectacle?
Son Regne chaque iour nous fournit vn miracle,
Et s'il luy faut offrir des obiets glorieux,
Dois-je offrir d'autre objet que luy-mesme à ses yeux?
Mais de ce grand dessein mon ame possédée
En peut elle remplir la glorieuse idée?
Loüis se verra-il, tel qu'il est aujourd'huy,
Dans tout ce que ma main entreprendra pour luy?
De ce fons infiny de gloire & de merueilles...
Mais quel bruit importun a frappé mes oreilles.

Thalie qui est la Déesse de la Comedie descend du Parnasse sur vne nüe en ioüant d'vn Tambour de Basque, auquel se mesle vn concert de Violons.

MELOPOMENE continüe.

C'est vne de mes sœurs qui pour quelque succez
Dans vn siecle enjoüé se flatte auec excez.
Elle vient m'insulter auec cét auantage.

SCENE II.

THALIE, MELPOMENE.

THALIE.

HE' bien touſiours ma ſœur ſur quelque grand ou-
    urage,
I'ay tort d'ozer ainſi troubler voſtre repos :
Ie voy bien qu'au milieu de ces fameux Heros
Voſtre eſprit ſe remplit de ſentimens tragiques ;
Vous n'aimez que les vers enflez & magnifiques.

MELPOMENE.

La pompe vous déplaiſt & vous fait mal aux yeux :
Vous deſcriez par tout le langage des Dieux.
C'eſt ſçauoir ſe connoiſtre , & c'eſt par cette adreſſe
Qu'eſtant foible on ſe fait honneur de ſa foibleſſe.

THALIE.

Selon vous tout eſt foible, à moins d'eſtre en fureur.
Gueriſſez voſtre eſprit d'vne ſi longue erreur :
Ie viens vous détromper & non pas vous combatre ;
Ne me diſputez plus la gloire du Théatre ;
Voſtre Regne eſt paſſé, le mien vient à ſon tour ;
Vous eſtes du vieux temps & de la vieille Cour ;
Tout le monde ayme à rire , & j'en ſçay la methode :
Vos triſtes entretiens ne ſont plus à la mode ;
Loüis m'ayme en vn mot, j'ay pour luy des appas.

MELPOMENE.

Il vous ayme il eſt vray , mais il ne me hait pas,
Et pour dire tout haut ce que j'en oze croire,
Loüis me doit aymer puiſqu'il ayme la gloire.

A ij

Pouuez vous inspirer ces nobles mouuemens,
Ces belles passions , & ces grands sentimens,
Que je fais si souuent esclatter sur la Scene ?
La gloire des Heros & la vertu Romaine
Qui la sçait mieux que moy retirer du cercuëil ?
Qui la fait mieux reuiure auec tout son orguëil ?
Pour rendre dignement presens à sa memoire
Ces exemples fameux de vaillance & de gloire ?
Auez vous comme moy d'assez nobles chaleurs ?
Auez vous comme moy d'assez riches couleurs ?
Quoy que l'ingenieuse & sçauante satyre
Messe le soin de plaire à la gloire d'instruire ,
Loüis peut-il tirer de ces enseignemens,
De ces foibles leçons, de ces amusemens ,
Ces sentimens d'honneur, dont vne ame enflammée
Souspire pour la gloire & pour la renommée ?
L'art de porter vn Sceptre & de le maintenir ?
L'art de recompenser & celuy de punir ?
Ce que vous enseignez n'est que pour le vulgaire ;
Ainsi contentez vous de la gloire de plaire.

THALIE.

Et n'est-ce pas assez de pouuoir quelque fois
Diuertir le plus sage & le plus grand des Roys ?
Aprés que tous les jours sa sagesse profonde
A sçeu dans son Conseil regler le sort du monde,
Est-ce peu que l'honneur de délasser vn Roy
De ces soins assidus, de ce penible employ ,
Pour le mettre en estat de reprandre auec joye
Cette noble fatigue où son zele l'employe ?
Mais c'est trop peu pour vous , vostre orguëil au-
    jourd'huy
Fait de vostre Théatre vne escolle pour luy ;
Pour luy qui pour regner n'a besoin de personne,
Et qui soustient luy seul le poids de sa Couronne,
Vantez vous de l'instruire, il en sçait plus que vous ;

Ma gloire eſt de luy plaire & c'eſt aſſez pour nous.

MELPOMENE.

Ne puiſ-je pas ma ſœur, ne m'eſt il pas facile
De joindre quand je veux l'agreable à l'vtile ?
Eſt il rien de ſi beau qu'vn tranſport glorieux
Que pouſſe auec eſclat vn cœur ambitieux,
Qu'vne intrigue de Cour menée auec adreſſe,
Qu'vn entretien meſlé de flame & de tendreſſe ?
Quelle douceur alors qu'vn malheureux amant,
Touche le ſpectateur d'vn tendre ſentiment !
Lorſque je fais agir cette adreſſe admirable
Et ce bel art qui rend la douleur agreable,
Et qui des maux d'autruy nous faiſant ſouſpirer
Fait trouuer ſi ſouuent de la joye à pleurer.
Pour vous qui vous piquez de diuertir le monde
Donnez vous vne joye & ſolide & profonde ?
Le ris, l'emportement, n'ont qu'vn charme trompeur,
Les ſenſibles plaiſirs ſont dans le fond du cœur,
Et ce ſont la ma ſœur les plaiſirs que je donne.

THALIE.

Vos charmes ſont puiſſans, mais on vous abandonne,
On ne veut plus de vous, tout le monde eſt pour moy.
Et pour vous en parler icy de bonne foy,
La pompe de vos vers plaiſt moins que ma ſatyre ;
Apprenez que pour plaire, il faut ſçauoir meſdire :
Voila tout le ſecret pour ayder mon deſſein,
Il ſe gliſſe en naiſſant dans tout le genre humain
Vn chagrin qui s'attache à la plus belle vie,
Vne maligne humeur que l'on appelle enuie.
Par là la médiſance a des charmes pour tous ;
Sur tout en deſguiſant ſa malice & ſes coups
Sous vne delicate & fine raillerie.
Pour mordre impunément il ſuffit qu'on en rie.

MELPOMENE.

Ce ſont la des ſecrets dont je fais peu de cas,

Mais au moins mefnagez cette fource d'appas,
Ce trefor de venin, ce fonds de médifance,
Ne le prodiguez pas auec tant de licence.
Comme le ridicule eft court & limité,
On craint pour vos fujets quelque fterilité.

THALIE.

Que vous connoiffez mal le fons de ma fatyre!
Ie prens de tous coftez la matiere de rire;
L'vniuers m'en fournit de l'vn à l'autre bout,
Mon Empire eft fans borne & mon fons eft par tout.
Ne vous flattez donc point d'vne vaine efperance,
Et quand d'vn monde entier j'obtiens la preference.
En voulez vous iuger? vos yeux font ils meilleurs...

MELPOMENE.

Non; mais adreffons nous à celle de nos fœurs,
Qui connoift comme nous les graces de la fcene;
Qu'elle regle entre nous vne palme incertaine.
Elle vient; ie l'entens; ces fons melodieux
Font parler hautement les echos de ces lieux.

SCENE III.

Durant qu'Euterpé defcend du Parnaffe les Mufettes & Hautbois iouent vn air fait exprés pour la paftoralle.

MELPOMENE, THALIE, EVTERPE'.

MELPOMENE.

APprochons.

THALIE.

Ah ma sœur gardez de l'interrompre.

MELPOMENE.

Ie voy que vous songez ma sœur à la corrompre.

Euterpé estant descendüe du Parnasse

THALIE *luy parle.*

Que vous m'auez charmée auec vn air si doux !
Nostre grand Apollon n'en sçayt pas plus que vous.

MELPOMENE.

On vous flate ma sœur, mais vous estes fidelle.
Vous venez à propos finir nostre querelle:
Vous sçauez le Theatre, & c'est la vostre employ,
Sa vanité pretend de l'emporter sur moy,
Et croit que sur la scene, elle à tout l'auantage.

EVTERPE'.

Quoy mes sœurs vostre honneur deppend de mon suf-
 frage!
Donc le prix n'est icy disputé qu'entre vous:
I'admire entre vous deux ce mouuement ialoux,
Qui vous fait oublier la part que i'y doy prendre,
Mais si vous ignorez ce que ie doy pretendre,
Vous permettrés mes sœurs que ie garde pour moy
Ce que vous disputez, & ce que ie me doy.
Ce iugement sans doute estonne l'vne & l'autre;
Vous blasmez non orguëil pour contenter le vostre;
Mais voions si i'ay tort, & si c'est vn arrest
Dicté par la iustice ou par mon interest.
Ie commance par vous de qui l'humeur altiere
Pretend entre ses sœurs la preference entiere.
Vous vous imaginez que toutes ces horreurs,
Ces grands emportemens, & ces nobles fureurs,
Dont le monde autres fois fut long temps idolatre,
Font encore aujourd'huy les beautés du Theatre.
Vos sujets quelques fois ont de tels embarras,
Qu'on se lasse d'oüir ce que l'on n'entend pas:

Par le profond secret d'vn art impenetrable,
Vous embroüillez si fort l'intrigue de la fable,
Qu'a peine vn Iupiter la pouroit demesler.
Tout ce que sur la scene on nous voit estaller,
N'est souuent que fumée, & qu'vn esclat qui trompe,
N'a que de faux brillans, & qu'vne vaine pompe.
Vous auez beau donner les plus belles couleurs,
Aux furieux transports, aux crimes, aux douleurs,
Aux plaintes d'vn amant, au desespoir, aux larmes,
Ma sœur sur le theatre on cherche d'autres charmes;
On y veut des objets agreables & doux,
Sans y mesler l'horreur, la crainte & le courroux.

  Pour vous vous le sçauez, le siecle vous fait grace,
Bien souuent vostre Ieu n'est que pure grimace;
Vn geste ridicule, & des tons imitez,
Font ordinairement vos plus grandes beautez.
On vous voit tous les iours auec tant de licence,
(Soit adresse ou chagrin) poussier la medisance,
Que les plus retenus en grondē contre vous.
Pour moy qui n'ay l'esprit, ny chagrin ny ialoux,
I'aduoüeray que vos vers vous donnent de la gloire;
Vous aurez vostre place au temple de memoire;
On vous doit estimer tout ce que vous valez,
Mais peut-estre vn peu moins que ce que vous
    voulez.

  Ie ne vous diray point à sa honte & la vostre,
Pour ne pas tout à fait confondre l'vne & l'autre,
Qu'on vous voit tous les iours sans front & sans pudeur
Briguer chez les mortels l'estime & la faueur.
Moy-mesme i'en rougis, quand ie vois des Deesses
Pour vn foible interrest faire mille bassesses.
Est-ce la le moyen de meriter le prix?
Mais ie veux autrement convaincre vos esprits.
Pour vous faire cedder la gloire & l'art de plaire,
Voyez si comme vous ie suis triste & seuere.

Fe n'ay point vos defaux, & i'ay tous vos appas.
Ie chante fur vn ton ny trop haut ny trop bas;
l'ay de vos paffions le tendre & l'agreable;
l'ay comme vous le ftile ingenu, raifonnable;
Dans ma façon d'agir & dans mes fentimens
Ie n'ay ny vos chagrins, ny vos emportemens;
Plus difcrette que vous ie plais fans médifance;
Et plus douce que vous i'agis fans violence:
Ainfi vous voyez bien fi i'ay droit d'emporter
Le prix qu'entre vous deux vous ozez difputer.
   Ie fçay bien toutesfois qu'elle eft voftre efperance,
Pour emporter l'honneur de cette preference.
Comme le grand Loüis anime voftre voix,
Vous me croyez mal propre à chanter fes exploicts.
Le moyen que ie puiffe auec des foins ruftiques
Celebrer dignement fes vertus heroïques,
Ce qu'il fait tous les iours pour l'hôneur des beaux arts;
Son regne plus heureux que celuy des Cefars;
Le retour de la paix fi long-temps exillée;
L'iniuftice bannie & la foy rappellée;
Ses amis fecourus, fes ennemis deffaits;
La gloire du triomphe au milieu de la paix;
Le commerce eftably par fa fage conduite;
Des tirans de la mer la defaite ou la fuite;
Et tout ce qui le rend la gloire des François,
La terreur de l'Europe & l'exemple des Roys.
Mais vous verrez vn iour ce que peut ma mufette,
Noftre grand Apolon a porté la houlette,
Et ma voix pour les Roys n'eft pas à negliger,
Si les Dieux ont paru fous l'habit de Berger.

MELPOMENE.

Hé quoy ma fœur de Iuge on vous voit ma partie,
De vos pretentions i'eftois mal aduertie.
Vous difputer le prix? vous dont la foible voix
Ne fçait reprefenter que les plaifirs des bois,

Les amours des Bergers , & cette vie obfcure
Qui ne fçauroit fournir vne illuftre auanture ?
Vous pretendre à mon rang auec tant de fierté ?
Voftre exemple ma sœur a fait fa vanité,
Et vous voyant pretendre vn pareil auantage,   à
Voftre prefomption vient d'enfler fon courage.   Tha-
                                                                                      lie.

THALIE.

En vain à mon orguëil vous imputez le fien ;
Vous confondez nos droits pour détruire le mien :
Mais pour mieux diftinguer fon merite & le noftre,
Deffions nous, ma sœur , doutons l'vne de l'autre,
Cherchons vn autre Iuge , allons luy faire voir
Par quelque grand effay quel eft noftre fçauoir :
Confultons Apollon , & qu'vn Dieu fi fidelle
Decide entre nous trois cette grande querelle.

EVTERPE.

C'eft le Dieu du Theatre il peut feul nous juger.

MELPOMENE.

Ma gloire entre fes mains ne court pas grand danger.
Diuin difpenfateur de la plus belle gloire
Venez par voftre arreft affeurer ma victoire,
Venez donner le prix à qui l'a merité.
Il vient & nous fait voir toute fa majefté.

Durant qu'Apollon defcend on entend vn
concert de tous les inftrumens des trois
Deeffes.

SCENE IV.

MELPOMENE, THALIE, EVTERPE.
APOLLON *au milieu des airs.*
MELPOMENE.

ARbitre fouuerain des filles du Parnaffe,
Le croirez-vous! on veut me contefter ma place,
Mes fœurs fieres d'auoir l'honneur d'vn mefme fang,
Me veulent difputer celuy du premier rang,
Et mettant deuant vous leur adreffe en vfage,
Par des nouueaux efforts briguer voftre fuffrage.

APOLLON.

Ie fçay de toutes trois le merite & l'employ :
Ie fuis le Dieu des vers comme de la lumiere,
Et puis que l'on s'adreffe à moy,
Pour fçauoir qui des trois doit eftre la premiere,
I'vferay du pouuoir que vous m'auez donné.
Ie ne veux écouter ny faueur ny caprice,
Et vous verrez par ma juftice
Le feul merite couronné.

THALIE.

C'eft fur ce digne efpoir grand Dieu que ie commence,
Et ie prends pour ma gloire vne entiere affeurance.

Chanfon pour Thalie.

Sur le lut ou fur la mufette,
Pour le fceptre ou pour la houlette,
Chantez, mes fœurs, chantez de toutes les façons :
Pour moy je n'aime qu'à médire,
Et la gloire de faire rire
Vaut bien celle de vos chanfons.

APOLLON.

Melpomene, ces chants si charmans & si doux
Semblent à voftre fœur promettre la victoire.

MELPOMENE.

Non, non vous n'auez rien à craindre pour ma gloîre,
Grand Dieu, vous eftes jufte & c'eft affez pour nous.

Chanfon pour Melpomene.

Foibles efprits, ames vulgaires,
Qui des biens les plus ordinaires
Faites vos folides plaifirs,
Ce n'eft pas vous que ie veux croire:
De plus dignes obiets occupent mes defirs,
Et fi ie pouffe des foûpirs,
C'eft pour le throfne, ou pour la gloire.

APOLLON.

Deeffe, l'vne & l'autre ont charmé mes oreilles.

EVTERPE'.

Attendez de ma voix de plus grandes merueilles.

Chanfon pour Euterpé.

Venez pafteurs, venez, & des chants les plus beaux,
Des plaintes de l'Echo, du bruit de vos ruiffeaux,
Faites vn concert agreable;
Faites voir à mes fœurs par des charmes fi doux,
Que tout ce qu'elles ont d'aimable,
Ne l'eft pas tant que vous.

THALIE.

Prononcez voftre arreft, grand Dieu qu'attendez-vous?
Eft-il fi mal aifé de juger entre nous?

MELPOMENE.

C'eft trop c'eft trop languir dans cette inquietude.

EVTERPE'.

Tirez-nous promptement de cette incertitude.

APOLLON.

Que puis-je prononcer, alors qu'également
Ie me trouue furpris entre tant de merueilles?

Le prix est incertain pour des beautez pareilles,
Et cette égalité suspend mon jugement.
Aussi ne voulant pas qu'vne ait tout l'auantage,
Par vn art qui vous mesle & ne vous détruit pas,
Le theatre aujourd'huy va produire vn ouurage,
  Qui doit vnir tous vos appas,
Et sans iuger sur qui doit tomber la victoire,
Par vn meslange heureux confonde voftre gloire.
  Viuez fans jalousie & n'ayez d'autre foin
Que de plaire à Loüis & d'auoir son suffrage :
Trauaillez à l'enuy pour ce grand auantage ;
Qu'il soit de vos trauaux le juge & le témoin.
Sur ses foins genereux tout voftre espoir se fonde ;
Par luy vos differents cesseront desormais,
  Et pour comble de ses bien-faits,
Son equitable arreft vous va donner la paix,
  Qu'il a donnée à tout le monde.

MELPOMENE.

Tout ce qui va paroiftre aux yeux de ce grand Roy,
Le resoudra bien-toft à prononcer pour moy.

APOLLON.

Suspendez voftre espoir ; attendez fon oracle.
Cependant faifons place à ce rare fpectacle,
Venez en auec moy contempler la beauté,
Et prendre voftre part de cette nouueauté.

MELPOMENE.

Allez & flattez-vous d'vn bien imaginaire,
Ma presence en ces lieux est encore necessaire.

Apollon part auec rapidité vers le milieu des airs,
Thalie & Euterpé partent à mesme temps emportées
par des nües & par vn vol croisé.

MELPOMENE continüe.

Vous fpectacles pompeux venez parler pour moy.
Venez iuftifier l'honneur de mon employ.

Venez me feconder, vous fçauantes fureurs,
Vous, qui communiquez ces diuines chaleurs,
Ces glorieux tranfports ; dont le pouuoir fupréme,
Peut éleuer l'efprit au delà de luy-méme.

Les Fureurs Poëtiques paraiffent & dan-
fen tvne entrée de Balet, qui fait
lafin du Prologue.

ACTE I.

SCENE I.

La Scene est dans vne chambre magnifique auec vne alcoue cachée par des rideaux: aussi-tost que cette decoration a succedé à celle du Prologue, on voit descendre l'Aurore precedée par deux heures, & l'on entend vn concert de voix & d'instruments.

LES HEVRES CHANTENT.

Voicy la brillante Deesse,
Qui vient nous annoncer la naissance du iour.
Princesse vn jeune cœur tout enflammé d'amour,
Peut-il auoir tant de paresse?
Le grand maistre des Dieux presse vostre réueil;
Il languit en secret d'vn amoureux martyre
Le repos vous sied mal quand Iupiter souspire,
Et l'amour est vn Dieu plus doux que le sommeil.

L'AVRORE.

Belles Heures allez éueiller la Princesse;
La douceur de vos chants peut moins que sa paresse.
Monstrez-luy promptement ce spectacle nouueau.

Allez fans tarder dauantage,
Et que l'ombre de ce rideau
Neluy dérobe plus ma voix & mon vifage.

Les Heures defcendent & tirent le rideau de
l'alcoue.

SEMELE' *fe leuant de deffus fon lit.*

Quel éclat, quelle voix force agreablement
Vn repos fi profond, vn fommeil fi charmant ?

L'AVRORE.

Princeffe nous entrons auec cette licence
Que nous donr . iourd'huy le fouuerain des Dieux.
Par fon diuin po . . ir nous penetronr ces lieux,
Où fa difcretion defioue fa prefence.
Iupiter fans vous voir, ne peut eftre content :
Dans ce parc amoureux, en ces fombres retraittes,
De vos premiers foûpirs confide ttes difcrettes,
Sous l'habit d'vn berger Iupiter vous attend.

SEMELE'.

L'image d'vn beau fonge, vn fantofme agreable
Rend enuers Iupiter ma pareffe excufable;
Luy-mefme eftoit l'obiet d'vn fonge fi charmant.
Allez belle Deeffe aduertir mon amant,
Que i'aime fon ardeur, & fon impatience :
Mais auffi dites-luy qu'il faut par bienfeance,
Pour fortir du palais, attendre vn plus grand iour,
Et voler malgré moy ce temps à fon amour.

L'AVRORE.

Semelé ie ne puis paraiftre dauantage:
Vne de ces Heures pour moy,
Peut aller faire ce meffage,
Le grand iour qui s'auance a finy mon employ;
Ie dois quitter la place au Dieu de la lumiere,
Il a commencé fa carriere.
Filles de Iupiter tefmoins de fes ardeurs,
Vous allez fatisfaire à fon impatience;

Vous

Vous pour ce grand secret gardez-bien le silence,
Et remontez au Ciel pour reioindre vos sœurs.

Les deux Heures partent à mesme temps à mesme temps
& volent vers le cintre du theatre, tandis que
l'Aurore remonte vers le lieu d'où elle est partie.

SCENE II.

SEMELE', DIRCE' *sa confidente.*

SEMELE'.

EN est-ce assez, Dircé, pour te faire connaistre
L'amour, qu'au cœur d'vn Dieu mes appas ont fait
   naistre ?
L'Aurore en ma faueur viendroit-elle en ces lieux,
Sans l'ordre de ce Dieu, qui commande les Dieux ?

DIRCE'.

Non, ie n'en doute plus, & i'en tremble, Madame.
Quoy le Prince Alcmeon, qui regnoit dans vostre ame,
Ce grand Prince d'Argos, qui depuis si long-temps
Vous offre sa Couronne & des vœux si constants,
Va perdre tout l'espoir de son amour fidelle ?

SEMELE'.

I'ay crû brusler pour luy d'vne flamme immortelle :
Mais puis-je guarantir vn feu si glorieux
Contre l'ordre eternel du Destin & des Dieux ?

DIRCE'.

Mais le Roy qui du Prince estime l'alliance,
Et voit que vostre cœur panche à quelque inconstance,
Veut sans plus differer le faire vostre Espoux ;
Vous deuez obeir ou craindre son courroux.

B

SEMELE'

Ah Dircé, ſon courroux ne ſeroit pas à craindre;
Si pour vaincre vn pouuoir, qui voudra me côtraindre,
I'oſois luy découurir la glorieuſe ardeur,
Que le grand Iupiter allume dans mon cœur :
Mais l'ordre de ce Dieu me condamne au ſilence.

DIRCE'.

Mais l'amour de ce Dieu fait ſeul voſtre deffence :
Pour vous iuſtifier, il doit paroiſtre au iour,

SEMELE'.

I'obtiendray de ce Dieu l'aueu de ſon amour.
Auſſi bien il eſt temps que ſon riual aprenne
Que l'ardeur, dont ie bruſle eſt fatale à la ſienne,
Et qu'vn mortel me cede à ce nouuel amant,
Puis qu'enfin c'eſt vn Dieu qui fait mon changemēt.

DIRCE'.

De cet amant pluſtoſt ſongez à vous deffaire.

SEMELE'.

Se defait on d'vn Dieu qui fait tout pour nous plaire?
Eſt-il quelque conſtance, eſt-il quelque deuoir,
Qui puiſſe reſiſter contre tant de pouuoir?
Si tu ſçauois l'effet de ces diuines flames,
Et de quel air vn Dieu s'introduit dans les ames;
Ou bien ſi tu ſçauois combien l'amour des Dieux
Se ſaiſit aiſement d'vn cœur ambitieux ;
Car enfin ie veux bien t'auoüer ma foibleſſe,
L'orgueil fait dans mon cœur autant que ma tendreſſe

DIRCE'.

Vous m'auez confié le nom de voſtre amant :
Contez-moy voſtre amour & ſon commencement,

SEMELE'.

Ah ! que l'amour des Dieux eſt fort en ſa naiſſance!
Il peut tout, il triomphe au moment qu'il commence.
I'eſtois dans ce beau parc ou Iupiter m'attend,
Quand au milieu des airs vn tumulte éclatant,

Du cofté de ce bruit me fait tourner le veuë.
A mes pieds auffitoft ie voy fondre vne nuë,
Qui s'eftant entr'ouuerte offre à mon œil charmé
Tous les appas d'vn Dieu quand il veut eftre aimé.
Sa Majefté d'abord trouble toute mon ame :
Puis vn regard meflé de tendreffe & de flame,
Comme vn brillant amas de force & de douceur,
Me lance vn trait de feu iufques au fonds du cœur.
Pour mon premier amour ma raifon s'intereffe ;
Mais elle le defend auec tant de foibleffe,
Que dans le doux panchant de cette trahifon
Mon cœur gaigné fans peine entraifne ma raifon.
Iupiter qui connoift mon defordre & fa gloire,
P r la parole enfin acheue fa victoire ;
Il me flatte, il me louë, & de la main des Dieux
Tu fçais combien pour nous l'encens eft precieux.
Ce Dieu qui fçait l'orgueil qui fuit noftre foibleffe,
Et ce que peut vn Dieu qui flatte & qui careffe,
Luy qui de fa fierté fe doit faire vne loy,
Auare des douceurs, les prodigue pour moy.
Que ne puis-je exprimer la douce violence
Que fit à mon efprit cette tendre eloquence ?
Ie deuore auffi-toft auec auec auidité
Ce poifon de mon cœur & de ma liberté :
Tous mes fens éblouïs de cét amas de charmes,
Contre vn Dieu, fans raifon, fans deffence & fans armes,
Ie me perds, ie m'efgare au milieu d'vn beau iour.
Et n'ay des mouuemens que ceux de mon amour ;
Ie ne me connoy plus dans ce defordre extreme ;
Ie ne voy ny le parc, ny le Dieu, ny moy-mefme :
Vne extafe amoureufe, vn doux enchantement....
Que te diray-je enfin de cet heureux moment ?
S'il falloit t'expliquer tout ce que i'en doy croire....
Mais Iupiter m'attend & ie perds la memoire :
I'en diray dauantage vn jour plus à loifir.

DIRCE'.

Contentez fur vn point mon curieux defir,
Dites-moy, fi les Dieux aiment comme les hommes.
SEMELE'.
Quand il s'agit d'aimer, ils font ce que nous fommes.
Pour eftre plus que nous aiment-ils autrement ?
Ils different de nous en ce point feulement,
Qu'vn Dieu maiftre de tout, ainfi que de luy-mefme,
Se fait tout ce qu'il veut, pour plaire à ce qu'il aime,
Et peut fe faire vn cœur, plus fenfible & plus doux,
Et plus tendre que ceux que le Ciel fait pour nous.
Mais c'eft trop s'arrefter, Iupiter s'en offence.
Au moins n'abufe pas de cette confidence,
Et crain de mon amant le fouuerain pouuoir.

SCENE III.

ALCMEON, SEMELE', DIRCE',
DIMAS.

LE Prince eft là, Madame, & demande à vous voir.
ALCMEON.
Madame pardonnez à mon impatience;
SEMELE'.
Quoy, Seigneur, fi matin prendre cette licence.
ALCMEON.
Par vn doute cruel mon cœur eft fi preffé,
Qu'il veut fçauoir le coup dont il eft menacé :
Ie meurs à tout moment dans cette incertitude,
Prenez quelque pitié de mon inquietude;
De grace apprenez moy quelle ingratte froideur
Change l'heureux deftin de ma fidelle ardeur.

On vient de m'asseurer qu'on voit n'aistre en vostre
　ame
Le remors d'vn adueu fauorable à ma flâme :
Depuis que mon amour me retient dans ces lieux
N'ay ie pas fait pour vous ce qu'on fait pour les Dieux?
C'est de vous aussi bien que du Roy vostre pere,
Que i'ay receu l'adueu d'vne flâme si chere.
Ay ie arraché ce cœur ? vous me l'auez donné
Ce cœur, pour qui le mien eust tout abandonné.
Que si pour meriter vn don si fauorable
L'ignore l'art d'aymer , & de se rendre aymable,
Au moins i'ay dans mon cœur, dequoy vous enflammer,
Si pour se rendre aymable il ne falloit qu'aymer.
Les plus profons respects , la plus forte tendresse . . . .
Mais ie vous parle en vain infidelle Princesse ;
Au desordre inquiet, qui trouble vos appas,
Ingratte ie voy bien qu'on ne m'écoute pas.

SEMELE'.

Que me sert d'écouter n'ayant rien à respondre ?
Vos reproches sans doute ont dequoy me confondre ;
Ie ne puis le nier , ie vous aimay Seigneur,
Cependant . . . .

ALCMEON.

Acheuez , dites moy quel mal-heur,
Quel riual me dérobe vne amitié si tendre ?

SEMELE.

Prenons vn autre temps Seigneur pour vous l'apprdre
Vn deuoir si pressant . . . . .

ALCMEON.

Ie ne vous quitte point
A moins . . . . .

SEMELE'.

Faut-il Seigneur m'expliquer sur ce point !

ALCMEON.

Helasie le voy bien, vous en aymez vn autre.

SEMELE'.

Ouy Seigneur ; & ce n'eſt ma faute ny la voſtre
Ie plains voſtre mal-heur, & ce cœur innocent
Vous trahit par l'effort d'vn charme tout puiſſant.
Meſme ie vous dirois, ſi i'ozois vous le dire,
Que de ſon premier feu ce cœur encore ſoûpire,
Et ſent aupres de vous, quand il vous faut quitter ....

ALCMEON.

Ah Princeſſe ...

SEMELE'.

Ah Seigneur gardez de vous flatter.
Si voſtre fier riual ſçauoit que ma foibleſſe
Laiſſe échaper pour vous vne ombre de tendreſſe,
Ce reſte de pitié vous deuiendroit fatal ;

ALCMEON.

C'eſt peu de me trahir, on vante mon riual,
On veut que ſa puiſſance eſtonne ma colere,
Quel eſt donc ce riual !

SEMELE'.

Seigneur c'eſt vn myſtere ;
Les Dieux ſeuls, & mon cœur ont droit de le ſçauoir.

ALCMEON.

Et vous voulez ainſi flatter mon deſeſpoir.
Helas ie le voy bien, ce riual qui ſe cache,
Pour ma honte & la voſtre eſt vn perfide vn lâche ;
Pour vous iuſtifier il paroiſtroit au iour,
S'il auoit merité l'honneur de voſtre amour :
Mais par vn ſort fatal qui comble ma diſgrace,
Vn indigne riual vient de prendre ma place.

SEMELE'.

Tout beau Seigneur, craignez ce dangereux riual.
Mais vous vous faites tort en le traittant ſi mal,
Vous deuez preſumer, qu'alors que ie vous quitte,
Ce n'eſt pas par l'effort d'vn plus foible merite ;

Mais sans autre raison croyez en ma fierté;
Nul n'a droit sur ce cœur, s'il ne la merité,
Et puisque ma raison me donne au plus aymable,
Iugez de ce qu'il vaut, s'il vous est preferable:
Blâmez si vous voulez mon cœur de trahison,
Mais faites sur ce choix iustice à ma raison.

ALCMEON.

Quel qu'il soit, ce riual triomphe dans vostre ame,
C'est la qu'il peut brauer mon couroux & ma flâme:
Mais nous le connoistrons ce riual si charmant.
   Cependant dites luy que ie suis vostre amant,
Et qu'on n'enleue point, sans couster bien des testes,
A des gens comme nous de semblables conquestes.

SEMELE'.

Quand vous le connoistrez vous perdrez ce courroux:
Il sied mal auec luy de faire le ialoux,
Et si vous me croyez, sçachant ce qu'il faut craindre,
Vous vous plaindrez fort bas, si vous ozez vous plaindre.
Peut estre i'en dis trop & plus que ie ne veux,
Quand il faut consoler vn amant mal-heureux:
Mais comme vostre amour attend tout de mon pere,
Ie crains que vous fassiez vn éclat temeraire,
Et qu'vn riual qui peut du moindre de ses coups ....
Le Roy vient : échapons à son premier courroux.

à Dircé.

Toy demeure; ie cours ou mon amour m'appelle.

SCENE IV.

CADMVS *Roy de Thebes,* HARMIONE *Reine,* ALCMEON, *Suitte.*

ALCMEON.

VOus me voyez frappé d'vne atteinte mortelle,
Seigneur, on me trahit; ie viens de tout sçauoir,
Vn riual en secret m'oste tout mon espoir.

LE ROY.

Ah! Prince ce soupçon marque trop de foiblesse.

ALCMEON.

Ie viens de le sçauoir, Seigneur, de la Princesse.

LE ROY.

Quoy vous pourriez auoir vn riual dans ma Cour?
Ma fille veut sans doute esprouuer vostre amour,
Ou plustost l'augmenter par ces fausses allarmes.

ALCMEON.

Helas c'est bien assez du pouuoir de ses charmes,

LE ROY.

La fiere Semelé ne fera point de choix
Qui puisse estre au dessous des Prinees & des Roys.

ALCMEON.

A l'entendre parler du choix qu'elle se donne,
Son merite est d'vn pris plus haut que la Couronne.

LE ROY.

Il faut donc que ma cour à mes yeux abusez
Cache sous des suiets des Heros déguisez.
Mais en fut-il quelqu'vn caché dans cet Empire,
Voudroit-il trauerser l'hymen que ie desire?

On

On sçait, pour faire à Thebe vn solide repos,
Que voulant allier ce Trône auec Argos,
Il faut qu'auecque vous, par vn Hymen fidelle,
Semelé nous assure vne paix immortelle :
Vn si grand interest ne peut estre ignoré.

ALCMEON.

Cependant mon mal-heur, n'est que trop assuré.

LE ROY.

Ie sçay bien que ma fille au moins en apparence,
Dans ses premiers desirs marque quelque inconstance;
Mais parmy les amans cette ombre de froideur
Peut changer le dehors sans aller iusqu'au cœur.

ALCMEON.

Seigneur tout est changé ; la Princesse elle mesme
D'vn air si transporté ma vanté ce qu'elle ayme,
Qu'il n'est mortel ny Dieu qui luy puisse estre égal.
Elle veut que ie tremble au nom de ce riual,
Et sa fausse pitié qui craint pour ma foiblesse,
Veut que sans murmurer ie cede la Princesse;
Qu'vne lâche terreur estouffe mes desirs,
Et cache au fonds du cœur iusqu'aux moindres soupirs.

LE ROY.

Madame vous deuez connoistre vostre fille;
Elle tient plus à vous que toute ma famille.
Plus belle que ses sœurs elle a le premier rang,
Et vous fait negliger le reste de mon sang.
Par cette aueugle ardeur qui possede les meres,
N'auez-vous point remply sa teste de chimeres?
Vous fille de Venus, ne la flattez-vous pas
De l'espoir de gagner vn Dieu par tant d'appas,
Et qu'vn Heros mortel n'est pas assez pour elle ?
Vous me vantez souuent vostre race immortelle,
Et Semelé sans doute, au point où ie la voy,
Prent pour luy tout l'orguëil, que vous auez pour
moy.

LA REINE.

Ie n'ay rien fait, Seigneur, qui vous oblige à croire,
Que le fang de Venus, dont ie tire ma gloire,
Me fasse negliger mon Espoux & mon Roy :
Ie sçay ce que ie suis, & ce que ie vous doy.
Cet imprudent orgüeil qui n'est qu'extrauagance,
Vient aux simples mortels d'vne simple naissance :
Mais cet orgueil qui suit ceux qui sortent des Dieux,
Est vn orgüeil illustre, innocent, glorieux.
C'est celuy que i'ay mis dans l'esprit de ma fille,
Et si ie la prefere à toute ma famille,
Ie ne puis le nier, dés qu'elle vit le iour,
Elle eut mes premiers soins & mon premier amour ;
Mais tout ce grand amour & cette preference
N'ont rien mis dans son cœur plus haut que sa naissan-
ce.
Elle a choisi ce Prince & i'ay loüé son choix ;
Et si le sang des Dieux auec celuy des Rois,
Est entre vous & moy ioint par nostre hymenée,
Ce grand exemple instruit vne fille bien née.
Quoy qu'il semble auiourd'huy, que pour ce digne
amant,
Semelé se dispose à quelque changement,
Ie luy rendray bien-tost sa premiere tendresse :
Mais il faut mesnager son ame auec adresse ;
N'y meslez pas, Seigneur, l'aigreur & le courroux ;
Il faut pour la gagner des traittemens plus doux ;
Elle doit obeir, mais d'vne obeissance,
Qui n'ait rien de l'indigne & basse dépendance.
LE ROY.
Ie veux bien à vous seule abandonner ce soin ;
Ie sçauray faire agir mon pouuoir au besoin.
Mais quel est cét amant dont on fait vn mystere ?
LA REINE.
Pour de pareils secrets choisit-on vne mere ?

LE ROY.

Madame il faudra donc employer mon pouuoir.

LA REINE.

Ie sçauray l'obliger à faire son deuoir.

ALCMEON.

Ah! Madame, ah! Seigneur, sans forcer ma Princesse,
Laissez-là disposer de toute sa tendresse :
Mes maux sont trop cruels pour les pouuoir guerir :
C'est assez de l'aimer, l'adorer, & mourir.

LE ROY.

Prince defaites-vous de ce respect friuolle;
La Princesse est à vous, ie tiendray ma parolle.
Vous, voyez vostre fille, & faites-luy sçauoir,
Qu'elle doit s'expliquer ou craindre mon pouuoir.

SCENE V.
LA REINE, DIRCE'.

LA REINE.

TV vois l'ordre du Roy, Dircé par ton adresse
Descouure promptement l'amant de ta Maitresse;
Ou plustost ouure moy cet important secret;
Ma fille l'aura mis dans vn sein si discret;
Il n'en faut pas douter.

DIRCE'.

Ah! de grace, Madame,
Ne me demandez pas le secret de sa flame;
Ce secret reuelé me cousteroit le iour.
L'ordre qui me deffend d'expliquer cet amour,

C ij

Vient d'vn Amant si fier, si puissant, si terrible,
Qu'en vous le descouurant ma perte est infaillible.
Contentez-vous enfin d'apprendre que ce choix
Vous fera plus d'honneur, que le plus grand des Rois.

LA REINE.

S'il est ainsi, pourquoy s'obstiner à se taire ?
Puis-je pas, s'il le faut, cacher ce grand mystere ?
Air ! que ie crains de l'air, dont ie te vois agir,
Que tu caches vn choix qui nous fera rougir.
Quel que soit cet Amant, il faut que ie l'apprenne.

DIRCE'.

Pourquoy par cet adueu m'exposer à sa haine ?
Puisque de Semelé vous pouuez l'obtenir,
Ne me contraignez point . . . .

LA REINE.

Faites-la donc venir.
Mais que vient m'annoncer ce merueilleux specta-
cle !
Viens-tu nous esclaircir, Amour, par ce miracle ?

L'AMOVR *porté par vn Aigle.*

Non Reine, à qui ie puis donner le nom de sœur,
Puisque Venus est nostre mere.
Loin d'aller de ta fille esclaircir le mystere,
Garde toy de forcer le secret de son cœur;
Commande luy plustost d'aimer & de se taire.
L'aigle sur qui ie viens t'imposer cette loy,
T'apprend, qu'elle te vient d'vn Dieu plus grand que
moy.

L'Amour prend son vol du ceintre du Theatre
vers le fonds.

DIRCE'.

Madame vous voyez ce que les Dieux ordonnent.

LA REINE.

Ie le vois auec ioye, & l'ordre qu'ils me donnent,

Monstre, combien au Ciel mon sang est precieux,
Quand ce sang iusqu'icy fait descendre les Dieux.
Allons apprendre au Roy cette grande nouuelle,
Et l'ordre souuerain d'vne bouche immortelle :
Qu'il respecte vn secret qu'vne diuine voix
Commande de la part du grand maistre des Rois.

Toy , dis à Semelé que sans crainte de blasme.
Elle peut conseruer son secret & sa flame,
Et que malgré l'ardeur d'vn desir indiscret,
Ie renonce au pouuoir d'arracher ce secret.

Fin du premier Acte.

C iij

ACTE II.

SCENE I.

La Scene est dans vn parc.

IVPITER *en habit de Berger,*
MOMVS.

IVPITER.

OVy i'attens Semelé sous ce nouueau visage:
C'est l'amour qui m'a fait ce galant équipage:
Mais si tu vois vn Dieu sous l'habit d'vn Berger,
Ce n'est pas d'auiourd'huy que tu m'as veu changer,
Et de mes feux secrets cacher les auantures,
Sous les traits differents de cent autres figures.

MOMVS.

C'est donc l'Amour qui fait tous ces beaux chágemens.
I'admire Iupiter sous ces déguisemens,
Et si-tost qu'il s'agit de faire vne conqueste,
Il fait beau voir vn Dieu faire l'homme ou la bes
On sçait sous quelle forme on vous vit sur le dos,
Rauir la belle Europe & trauerser les flots.
Vous en voulez tousiours à celles de sa race:
Et desia Semelé vient de prendre sa place.

Dans le sang d'Agenor vous trouuez des appas,
Que dans vn autre sang vos yeux ne trouuent pas.
On vous voit tous les iours courir de belle en belle,
Aymez-vous ces beaux noms d'inconstant, d'infidelle ?
N'est-il point de beauté qui vous puisse arrester,
Les Dieux n'ont-ils point honte de coqueter ?

IVPITER.

Momus, veux-tu tousiours censurer & medire ?
N'as-tu iamais connu le souuerain Empire,
Qui force au changemét le plus plus puissát des Dieux?
Voy comme c'est en nous vn deffaut glorieux.

Quand i'aime vne beauté, d'abord ie vois en elle
Tout ce qu'a de charmant vne beauté mortelle ;
La lumiere d'vn Dieu descouure en vn moment
Tout ce qui peut toucher les desirs d'vn amant.
Vn mortel a besoin de temps & de lumiere,
Pour faire à son amour vne digne matiere ;
Mais vn Dieu pour ce chois n'a pas besoin de temps :
Il voit tout d'vn coup d'œil & dehors & dedans ;
Son esprit conuaincu d'vn merite adorable,
Aime d'abord, autant que l'obiet est aimable,
Et par vn feu diuin qui peut tout enflammer,
Il embrase l'obiet qui vient de le charmer.
Ce violent Amour vient à peine de naistre,
Qu'il est victorieux autant, qu'il le peut estre,
Et deslors qu'il ioüit auecque tant d'ardeur,
Sa flame à son obiet applique tout son cœur,
Qu'au mesme instant qu'vn Dieu possede vne mai-
stresse,
Il espuise sa ioye & toute sa tendresse :
Ainsi le cœur d'vn Dieu presque en vn seul moment,
Aime, se fait aimer, & cesse d'estre Amant.
Toy qui n'aimas iamais, tu sçais mal comme on aime.

MOMVS.

Peut-estre Iupiter, l'ignorez-vous vous mesme :

Car enfin Semelé vous couste plus d'vn iour,
Et ie ne vous croy pas trop bien auec l'Amour ;
Vous vous broüillez souuent auec luy ce me semble.

IVPITER.

Nous nous broüillons exprés pour estre mieux ensem-
ble.
Si l'amour auec moy s'entendoit tous les iours,
Quelle gloire de vaincre auec ce grand secours ?
Ie me fais de l'amour vn combat volontaire,
Vn doux empressement, vne agreable affaire :
Sous l'habit d'vn Berger ie me deguise exprés,
Pour affoiblir ainsi la force de mes traits,
Et par quelques combats achetant la victoire,
Pour croistre mes plaisirs, i'y mesle vn peu de gloire.

MOMVS.

Quelques-fois en vn iour on vous voit demander,
Attaquer, emporter la place, & la ceder.

IVPITER.

Ouy mais de mon amour apprens tout le mystere.
Quelque glorieux chois, qu'vn Dieu se puisse faire,
Sçache qu'il ne sçauroit remplir tous ses desirs :
Son cœur qui veut par tout le comble de plaisirs,
Repare le deffaut de ces beautez mortelles,
Par vn enchaisnement de conquestes nouuelles.

MOMVS.

Pourquoy vous attacher aux beautez d'icy bas ?
Nos Deesses pour vous sont elles sans appas ?

IVPITER.

L'Amour n'a pas au Ciel son veritable empire :
C'est icy seulement qu'on brusle & qu'on soûpire ;
Dans le séiour des Dieux l'on y vit sans desirs,
Et sans desirs l'Amour a-t'il de vrais plaisirs ?

MOMVS.

Est-il d'autres plaisirs pour le Dieu du tonnerre
Que celuy quand il veut de foudroyer la terre ?

Rire des beaux desseins d'vn fol ambitieux,
Et preparer sa cheute en l'éleuant aux Cieux;
Tout remply de nectar dans vne paix profonde,
D'vn branlement de teste ébranler tout le monde;
Faire de ses desirs sa raison & ses loix ;
Se ioüer à son gré des peuples & des Roys ;
Voir les mortels broüillés dans toutes leurs prieres;
Leur voir pousser des vœux l'vn à l'autre contraires ;
Confondre leurs projets & d'vne mesme main,
Auiourd'huy les flatter & les punir demain;
Et sur cette conduite inégale, incertaine
Ouyr les sots discours de la prudence humaine ;
Voila de Iupiter les doux amusemens.

IVPITER.

I'en trouue dans l'amour qui sont bien plus charmans;
Quand l'amour dans vn cœur met toute la tendresse...

MOMVS.

C'est auec ce beau nom qu'on cache sa foiblesse.

IVPITER.

S'il est quelque foiblesse à se laisser charmer,
Que ne suis-ie plus foible afin de mieux aymer?
Où s'il faut souhaiter vne chose impossible,
Que ne suis-ie moins Dieu pour estre plus sensible?
Mais i'ay tort de parler à qui n'ayma iamais:
Ne combats plus ma flâme & sers la desormais;
Momus tu tiens icy la place de Mercure.

MOMVS.

Ouy grace à vos bontez & ma gloire en murmure;
Vostre ordre malgré moy m'employant en ce iour,
Fait d'vn censeur des Dieux vn confident d'amour.

IVPITER.

C'est pour tróper Iunon qu'auiourd'huy ie t'employe,
Tu sçays qu'incessamment elle trouble ma ioye,
Et du subtil Mercure aprehendant l'employ,
Il luy seroit suspect s'il estoit pres de moy.

Ainſi ..... Mais i'aperçois Semelé.

MOMVS.

Ie vous laiſſe ;
Vn tiers eſt incommode aupres d'vne maiſtreſſe.

SCENE II.

IVPITER, SEMELE.

IVPITER.

MA Princeſſe eſt ce vous ?

SEMELE'.

Eſt-ce là mon amant !

IVPITER.

Me méconnoiſſez-vous ſous ce déguiſement ?
Auez vous oublié le diſcours de l'aurore ?

SEMELE'.

Non, non, il m'en ſouuient, c'eſt le Dieu que i'a-
dore ;
Sous l'habit d'vn berger, il m'attend en ces lieux.

IVPITER.

Ie trompe ainſi Iunon & me cache à ſes yeux :
De ſon ialoux eſprit la triſte inquietude
A m'épier ſans ceſſe applique ſon eſtude ;
Mais voulant m'aſſurer mes plaiſirs les plus doux ....

SEMELE'.

Ah vous vous cachez moins pour Iunon que pour
vous :
Vous aymez voſtre gloire, & vous craignez pour elle,
Qu'on ſçache ce qu'vn Dieu fait pour vne mortelle.

IVPITER.

Moy craindre pour ma gloire vn choix si glorieux ?
Moy qui pour vous seruir, abandonne les cieux ?
Moy qui bruslant pour vous d'vne ardeur sans seconde
Neglige sans rougir la conduite du monde ?
Moy qui montre à vos yeux vn amant si charmé,
Qu'il cesse d'estre Dieu pour estre plus aymé ?

SEMELE'.

Hé bien si vostre amour est à couuert du blâme,
Si vous prisez si fort l'honneur de vostre flâme ;
Iupiter il est temps qu'elle paroisse au iour ;
Il court de fâcheux bruits de ce secret amour,
Et si vostre ordre encor me condamne au silence,
Cet amour va perir par mon obeyssance :
On presse mon himen pour le Prince Alcmeon ;
I'oppose vn autre amant, mais i'en cache le nom,
Ce silence honteux ou s'obstine mon ame,
Au sentiment de tous cache vne indigne flâme,
Et tandis que ce feu n'ozera voir le iour,
Ma gloire est en peril ainsi que mon amour.

IVPITER.

Ne craignez rien; Amour pour finir vostre peine,
Et par mon ordre expres enuoyé vers la Reyne,
Luy deffend d'écouter vn desir indiscret,
Qui veut de vostre flâme arracher le secret,
Et par vn autre choix tirannifer vostre ame.

SEMELE'

Tant de precautions à cacher vostre flâme,
Le respect de Iunon, tous vos déguisemens
Ne m'apprenuent pas trop quels sont vos senti-
   mens.
   En effet, quand vn Dieu se fait vne maistresse,
Il doit aymer sans bruit, & cacher sa foiblesse ;
Vn Dieu doit s'épargner cette confusion;
Iunon est trop à craindre en cette occasion,

Et quoy que le secret soit fatal à ma gloire,
Qu'importe on en croira ce qu'on en voudra croire.
Ce procedé n'est pas d'vn veritable amant :
Vn Dieu qui craint les bruits ayme bien foiblement.
Pour moy ie ne crains point de dire qu'vn Dieu m'ayme;
Donnez m'en la licence, ou ie la prens moy-mesme.
Contre vn pere en courroux, contre tout son pouuoir
Ie n'ay que cet adueu pour sauuer mon deuoir,
Et ie croy qu'vn amour, dont mon ame est si fiere,
Est trop noble & trop beau pour craindre la lumiere.
   Cependant aduoüez que i'ayme plus que vous.
Ie le voy bien, les Dieux n'ayment pas tant que nous :
Les Dieux n'ont pas le temps d'aymer comme on les
   ayme,
Le soin de vostre gloire & l'amour de vous mesme
Vous peuuent-ils pour nous laisser quelques desirs?
Mais vous estes vous seul ma gloire & mes plaisirs:
Ainsi loin de cacher cette flâme diuine;
I'en veux vanter par tout l'adorable origine,
Et faire voir par tout vn feu si glorieux.

IVPITER.
Et n'est ce pas assez qu'il paroisse à nos yeux?
Vn témoin comme moy suffit pour vostre gloire.

SEMELE.
Ie veux que tout le monde apprenne ma victoire,
Et ne croiray iamais qu'on m'ayme tendrement,
Si le grand Iupiter rougit du nom d'amant:
Ma gloire en cet estat est tousiours imparfaite.

IVPITER.
Hé bien que tout le monde aprenne ma deffaite:
Il faut bien satisfaire à vostre ambition;
Que mon amour éclatte aussi loin que mon nom.

SEMELE.
Apres vn tel adueu ie braue la colere
Des hommes & des Dieux, d'vn amant & d'vn pere.

Mais Alcmeon paroiſt, tâchons de l'éuiter ;

IVPITER.

I faut voir le riual, qu'on donne à Iupiter.

SCENE III.

IVPITER, SEMELE', ALCMEON.

ALCMEON.

CE beau berger eſt-il de voſtre confidence ?

SEMELE'.

Comment ?

ALCMEON.

Ie vous apporte vn aduis d'importance,
Et n'oze deuant luy . . . .

SEMELE'.

Parlez ne craignez rien,
Ou gardez voſtre aduis, s'il rompt noſtre entretien.

ALCMEON.

I'ay tort de l'interrompre; & ie voy bien Madame,
Puis que vous luy fiez le ſecret de voſtre ame,
Que c'eſt luy qui ſouuent vous attire en ces lieux.
C'eſt donc là ce riual ſi fier, ſi glorieux;
Puis donc qu'on ne craint rien d'vn témoin ſi fidelle,
Apprenez le ſuiet d'vne douleur mortelle.
Malgré tous mes conſeils, contre voſtre deſſein,
Le Roy vous veut contraindre à me donner la main,
Et pour ce coup fatal marque cette iournée.

IVPITER *bas à Semelé*

Mes ordres ſçauront bien rompre cet Himenée.

SEMELE' *à Alcmeon.*

Que me conseillez-vous sur cet ordre absolu?
Ou vous mesme plustost qu'auez-vous resolu?
Mon sort dépend de vous, faut-il que i'obeysse!

ALCMEON.

C'est à ce digne amant, faire trop d'iniustice,
De prendre en ce besoin conseil de son riual.

IVPITER.

Ce conseil quel qu'il soit nous fera peu de mal.

ALCMEON.

Hé quoy vous me brauez?

IVPITER.

Non i'aurois peu de gloire,
De brauer vn riual quand il pert la victoire.

ALCMEON.

C'est parler deuant moy bien haut pour vn berger.

IVPITER.

Des bergers comme moy le peuuent sans danger.

ALCMEON.

Cette fierté m'étonne & ie ne puis comprendre....

IVPITER.

On m'ayme & ce seul mot suffit pour vous l'apprendre.

ALCMEON.

Que vous sert cet amour quand i'ay l'adueu du Roy?

IVPITER.

Que vous sert cet adueu, quand son cœur est à moy!
Quand on a comme moy la gloire de luy plaire....

ALCMEON.

Quand on n'a qu'à combattre vn berger temeraire...

IVPITER.

Ie ne sçay qui l'est plus du berger ou de vous.

ALCMEON.

Ah c'en est trop.

IVPITER.

Calmez ce dangereux couroux.

SEMELE'.

Hé quoy contre vn berger & mesme en ma presence
Vn Prince......

IVPITER.

Ie répons icy de sa clemence.

ALCMEON *portant la main sur*
la garde de son épée.

Vous voyez qu'vn berger me braue impunément,
Et vous vous offensez de mon ressentiment ?
C'est trop souffrir.

SEMELE'.

O Dieux !

IVPITER.

Ne craignez rien Princesse.

ALCMEON.

Quel charme sur mes bras iette tant de foiblesse ?

IVPITER *à Semelé.*

Pouuez-vous pour vn Dieu craindre quelque danger ?

SEMELE'.

Ma tendresse d'abord n'a rien veu qu'vn berger.

ALCMEON.

Ce prompt enchantement & ce charme inuisible
Me fait connoistre enfin cet amant si terrible,
Ce riual dont tantost vous m'auez menacé.

IVPITER.

Ouy Prince, c'est luy mesme, & le charme est passé :
I'ay pitié de l'estat, où vous met trop d'audace :
Amant de Semelé vous meritez ma grace.
Au moins par cet essay connoissez mon pouuoir.

ALCMEON.

Và ta pitié ne fait qu'aigrir mon desespoir,
Iniurieux riual, laisse'moy ma foiblesse;
Accable vn mal-heureux, ou me rend ma Princesse;
Tu me l'ostes cruel, & ton charme trompeur
Ainsi que sur mon bras a passé dans son cœur.

Princeſſe ouurez les yeux & voyez l'impoſture
D'vn art affreux & noir, qui force la nature.
Vous laiſſez vous ſurprendre aux charmes d'vn trom-
peur?

SEMELE'.

Vous meſme connoiſſez ce diuin enchanteur,
Qui ſous les foibles traits d'vn enfant de la terre,
Cache le puiſſant Dieu qui lance le tonnerre.
Admirez quel riual vous fait mon changement.

ALCMEON.

Iupiter mon riual! Dieux quel aueuglement!

SEMELE' à Iupiter.

Vous voyez....

IVPITER à Semelé.

l'ay pitié de l'erreur qui l'abuſe.

ALCMEON.

Voſtre infidelité cherche en vain cette excuſe.

SEMELE'.

Sans doute, & ie rougis qu'vn changement fatal
Donne au Prince d'Aïgos vn berger pour riual,
Si la bonté d'vn Dieu ne daigne vous abſoudre,
Craignez de le connoiſtre à l'éclat de ſa foudre.

ALCMEON.

Pleut au Ciel, qu'il voulut d'écouurir à mes yeux
Par vn coup de tonnerre, vn choix ſi glorieux.
Du moins en connoiſſant le Dieu qui me ſurmonte,
Ie mourrois auec ioye, & vous perdrois ſans honte;
Mais las! ce n'eſt pas luy, mais c'eſt vous que ie crains;
La foudre eſt dans vos yeux, & non pas dans ſes mains.
Mais quoy l'air s'obſcurcit & l'orage s'appreſte...

IVPITER.

Quel changement ſoudain excite la tempeſte?
Quand ie ſuis ſur la terre, il tonne dans les cieux,

ALCMEON à Semelé.

Il tonne, & c'eſt icy le grand maiſtre des Dieux.

C'eſt à cet impoſteur qu'il declare la guerre.

IVPITER *à Semelé.*

Iunon quand il luy plaiſt peut former le tonnerre,
Elle eſt Reyne des airs.

ALCMEON.

Foudre tombe en ce lieu;
Ta gloire eſt de punir le fantôme d'vn Dieu.

IVPITER.

Sans doute que Iunon en veut à ma Princeſſe,

SEMELE'.

Sans doute qu'vn faux charme abuſe ma tendreſſe.

IVPITER.

Quoy vous doutez ?

ALCMEON *à Semelé.*

Voyez qu'elle eſtoit voſtre erreur.

IVPITER.

Iunon deſcend en terre; éuitons ſa fureur.
Nuages deſcendez, & qu'vne épaiſſe nuë
La dérobe à ſa rage & nous cache à ſa veuë.

*Vne nuë dicend qui ayant enueloppé Iupiter, & Se-
melé remonte dans le Ciel.*

SCENE IV.

ALCMEON, IVNON *paroiſt dans vn Ciel orageux.*

ALCMEON.

Iſſipez ce nüage, il eſt temps d'éclater,
Tombez foudres, tombez ſur vn faux Iupiter.
Grand Dieu vange ton nom vſurpé par vn traiſtre.
Mais quel eſt ce prodige, & que vois ie paroiſtre ?

D

C'eſt Iunon elle-meſme auec la foudre en main.
Pourquoy cet équipage, & quel eſt ſon deſſein?
De ce faux Iupiter qui m'oſte ce que i'ayme,
Me vient-elle vanger, ou ſe vanger ſoy-meſme?
Bergers qui la voyez deſcendre dans ce bois,
Pour haſter ſon ſecours, preſtez-moy voſtre voix.

Chanſon.

Reyne des vents Maiſtreſſe des tempeſtes
Eſpargnez nos champs & nos teſtes,
Et ſur ce rauiſſeur tournez ce grand courroux,
A ce triſte mortel il rauit ce qu'il ayme:
Vous voyez ſa douleur, vous ſçauez par vous-meſme,
Tout ce que ſouffre vn cœur amoureux & ialoux.

IVNON en deſcendant ſur le Théatre.

Tu me vois Alcmeon au milieu des nüages
Par vn ſoin inutile exciter des orages,
Et pour des vains efforts preſter à mon courroux,
Ces traits que i'ay ſurpris à mon perfide époux.
Iupiter à mes yeux dérobe ſon amante;
Son amour tout puiſſant, rend ma haine impuiſſan-
te.
Vents, tempeſtes, eſclairs, enfans de ma fureur,
Qui ne ſemez icy qu'vne vaine terreur,
Euanouyſſez-vous: l'artifice & l'adreſſe
Vangeront mieux que vous ma gloire & ma foibleſſe.

Iunon eſtant deſcenduë.

Prince d'Argos approche & n'apprehende rien,
Nos mal-heurs ſont communs & ton ſort eſt le mien:
Vne ingrate Princeſſe à ta flâme infidelle,
Triomphe d'vn mortel, & braue vne immortelle,
Et ſa fiere beauté par vn mal-heur fatal
Rend Iupiter perfide, & le fait ton riual.

ALCMEON.

Iupiter mon riual? que dites vous Deeſſe?
Le riual dont i'oſois mépriſer la foibleſſe,

Luy qui comme vn berger se montroit à mes yeux,
Ce riual est vn Dieu le plus puissant des Dieux?
I'esperois esclaircir cette estrange auanture,
Pour conuaincre vn riual d'vne lâche imposture,
C'estoit là tout l'espoir dont i'ozois me flatter,
Et dans cet imposteur ie trouue Iupiter?
Vous deuiez preuenir ces mortelles allarmes :
Auec tant de puissance, auecque tant de charmes,
Deesse ignorez-vous l'art de vous faire aymer?
Et que vous manque-il pour plaire & pour charmer?

IVNON.

Mais Prince le moyen que ma beauté l'arreste
Ce Dieu qui va tousiours de conqueste en conqueste.
Rien ne sçauroit borner ses glorieux soûpirs,
Quel obiet peut borner de si vastes desirs?
Pour consoler ma gloire & toute ma tendresse,
Tâchons adroitement de perdre sa Maistresse;
Sur sa fiere beauté par de secrets moyens
Ie m'apreste à vanger tes feux comme les miens.
Iusqu'icy i'ay voulu par vne guerre ouuerte,
Par de honteux éclats, entreprendre sa perte;
Mais le grand Iupiter est plus puissant que moy.
Pour la perdre en secret .... d'où te vient cet effroy?
Tremble-tu des perils d'vne ingrate Princesse?

ALCMEON.

Toute ingrate qu'elle est excusez ma foiblesse :
I'ay pour sa trahison vne secrette horreur,
Et l'amour toutesfois regne encor dans mon cœur.

IVNON.

I'ay donc tort de venir auec tant d'Imprudence,
Te fier le secret d'vne iuste vengeance.
Gardant pour ma riuale vn sentiment si doux,
Ta foiblesse contre elle augmente mon courroux.

ALCMEON.

Regardez ma Princeffe auec moins de colere :
Qu'à t'elle fait enfin qui puiffe vous déplaire?
Aux tendreffes d'vn Dieu peut-elle refilter ?
Que fuis-ie , helas que fuis-ie aupres de Iupiter ?

IVNON.

Sous ces belles couleurs couure ton infamie,
Pour meriter ma haine ayme mon ennemie.

ALCMEON.

Hé bien fauuez mon cœur de cette lâcheté :
Ie voudrois bien haïr cette ingrate beauté ;
Mais puis que fur mes fens elle eft trop fouueraine,
Pour vanger mon amour, preftez-moy voftre haine;
Si ie ne fçay qu'aymer , hayffez-là pour moy.

IVNON.

Tu feras fatisfait & c'eft-là mon employ.
Ie fçay l'art de haïr fans remors & fans peine :
Si l'amour à fes Dieux ie le fuis pour la haine.
Pour faire agir la mienne auec plus de bon-heur,
Et mettre en feureté mon nom & mon honneur,
Sous des traits déguifez abufant ta Princeffe ....
　Mais ie t'en dirois trop & ie crains ta foibleffe :
Ie t'inftruiray de tout auant la fin du iour.
Adieu ie vay vanger ma gloire & ton amour.

Fin du fecond Acte.

ACTE III.

SCENE I.

La Scene est dans vn iardin enchanté.

IVPITER, SEMELE', MOMVS.

Iupiter & Semelé descendent dans vne nuë,
IVPITER.

VOus n'auez rien à craindre icy belle Princesse.

à Momus.

Toy, tasche d'obseruer la ialouse Deesse ;
Sur tout cache luy bien cet azile secret.

MOMVS *bas en s'en allant.*
I'obeiray fort mal s'il faut estre discret.

IVPITER.
Hé bien ces grands essais d'amour & de puissance
Vous laissent-ils encor dans quelque defiance ?
Doutez-vous de mon nom ? ce merueilleux seiour,
Et ces lieux enchantez qu'a produit mon amour,
Sont-ils de ma grandeur vn foible tesmoignage ?
Vous voyez au milieu d'vne forest sauuage,
Naistre par vn miracle aussi rare que beau,
D'vn amas de beautez le spectacle nouueau.

Ces lieux quand vous voudrez vous offrent vn azile,
Pour vous comme l'accez l'iſſuë en eſt facile.
Icy loin de Iunon, & loin de voſtre Cour,
Et ſans autres teſmoins que les yeux de l'Amour,
Nous gouſterons tous deux tout ce que dans les ames
Reſpandent de douceurs les plus heureuſes flames,
Tout ce que font ſentir de ioye & de plaiſirs,
Le commerce amoureux des yeux & des ſouſpirs,
Les combats d'amitié, de ſoins, de deferences,
Les flatteurs entretiens, les tendres confidences,
Ces beaux emportemens de l'eſprit & du cœur,
Ces charmes compoſez de flame, & de langueur,
Les doux égaremens, les aimables foibleſſes,
Les extaſes d'amour, les tranſports, les tendreſſes,
Tout ce qui peut enfin nous flatter tour à tour,
Quand on ſe donne tout au pouuoir de l'Amour.

SEMELE'.

Ah ! que de ces diſcours la diuine eloquence,
Du Dieu dont ie doutois me fait voir la preſence !
Vous eſtes Iupiter, mon doute eſt eſclaircy,
Et les Dieux ſeulement peuuent parler ainſi.
Autrefois d'vn mortel i'ay reſſenty la flame ;
Mais ce n'eſt pas ainſi qu'il regnoit dans mon ame :
Ie ſens bien d'autres feux, & des traits plus puiſſans.
Vn coup d'œil vous rend maiſtre, & des cœurs & des
    ſens,
Et cette liberté noſtre vnique auantage,
De vos diuines mains le preſent & l'ouurage,
Pour entrer dans vos fers trouue vn panchant,
Qu'on voit bien que nos cœurs s'entendent auec vous

IVPITER.

Si ma diuinité vous paroiſt ſi preſente,
Ie dois vous en donner vne marque eſclatante.
Ie veux que dans ces lieux le comble des plaiſirs,
Par vn charme eternel rempliſſe vos deſirs.

Le Ciel refpectera ce precieux azile ;
Vous y refpirerez vn air pur & tranquile,
Que rien ne troublera que vos tendres foufpirs,
Et le foufle amoureux des aimables Zephirs ;
Icy chaque faifon nous donnera des rofes,
Les plus charmantes fleurs, & les plus belles chofes,
Et pour n'y rendre pas nos plaifirs limitez
Chaque iour produira de nouuelles beautez ;
La Mere des Plaifirs vous y fuiura fans ceffe,
Cette fource d'appas, la brillante Ieuneffe,
Refpandra fur vos iours vn eternel printemps,
Et les affranchira de la fureur des ans ;
Mille Ris, mille Ieux, & leur charmante Mere,
N'y prendront d'autre foin que celuy de vous plai-
    re ;
Vous y verrez toufiours les plus ieunes Amours,
Et toute ce qu'auec eux amenent les beaux iours ;
C'eft icy que nos cœurs aimeront fans contrainte,
Ioüiront fans degouft, poffederont fans crainte,
Et ce qui plus que tout doit flatter vos defirs,
C'eft vn Dieu tout-puiffant qui promet ces plaifirs.

SEMELE'.

Que de biens à la fois ! mais helas! leur durée
N'en fera-t'elle point courte & mal affeurée ?
Ces plaifirs qui feront les fruits de voftre amour,
Suiuront-ils le deftin de qui les met au iour ?
L'amour n'eft pas pour vous vn tribut neceffaire,
Vous eftes de fes loix efclaue volontaire,
Dieu n'aime qu'autant qu'il fe laiffe enflammer,
Et qui peut n'aimer pas, ceffe bien-toft d'aimer.
  Pardonnez-moy de grace, vn peu de défiance ;
Tant de biens pour iamais ont fi peu d'apparence,
Que i'ay trop de fuiet de craindre vn changement.

IVPITER.

Que vous connoiffez mal le cœur de voftre amant !

Son ardeur pour s'esteindre est trop grande & trop
  belle ;
Dans vn cœur immortel l'amour est immortelle,
Et ce feu dont vos yeux sont la source & l'appuy,
Doit s'il enflâme vn Dieu durer autant que luy.
Souffrez pour vn moment qu'en ces lieux ie vous laisse;
Mon destin me l'ordonne & mon deuoir me presse ;
Mais songez quand ie rends mes soins à l'vniuers ,
Qu'vn Empire si beau me plaist moins que vos fers.

SEMELE'.

Faites vostre deuoir , grand Dieu vous deuez croire
Que ie vous ayme trop pour trahir vostre gloire.
Mais du plus haut des cieux dans ce diuin employ
Laissez tomber au moins quelque regard sur moy.

IVPITER.

Ie dois à l'vniuers les soins de ma sagesse ,
Et ceux de mon amour sont tous à ma Princesse.
Mais auant que quitter ce iardin enchanté
Ie vay voir si Momus pour vostre seureté
Veille sur la Deesse , & le prier encore
D'éloigner ses regards de celle que i'adore.
Ah ? que ie veux de mal Princesse à ma grandeur!
Helas si i'en croyois & mes yeux & mon cœur,
Ie laisserois le Ciel sans maistre & sans conduite:
Ma gloire ne se peut sauuer que par la fuite.
Vous cependant, Venus, plaisirs ieunesse amour
Venez prendre ma place attendant mon retour.

SCENE II.

SEMELE', VENVS *defcend du Ciel dans fon char, accompagnée de deux amours, & chante en décendant.*

PRinceffe on ne voit rien de charmant & de doux,
    Qui ne fe rende aupres de vous :
Rien ne peut égaller voftre bon-heur extreme ;
    Vn Dieu prend foin de vos plaifirs,
Que ne fera-t'il point pour remplir vos defirs ?
    Il peut tout & vous ayme.

SEMELE'.

Que de beautez enfemble & de rares merueilles
Enchantent à la fois mes yeux & mes oreilles !
C'eft la mere d'amour qui defcend en ce lieu,
Et me vient confoler de l'abfence d'vn Dieu.

VENVS *dar. fon char.*

Digne fang de ma fille, & digne de la pomme,
Que ie receus iadis de la faueur d'vn homme,
Ie viens à tant d'appas ioindre vn nouueau fecours :
Iupiter eft volage & ie crains pour ta gloire,
    Pour t'affurer cette grande victoire,
Ie viens à ta beauté prefter ces deux amours.
Ils ont ordre tous deux de t'obeïr fans ceffe :
L'vn comme eftant vn Dieu de flâme & de tendreffe,
Doit d'vn amour conftante embrafer ton vainqueur ;
L'autre te doit armer d'vn charme inéuitable ;
   L'vn fait aymer, & l'autre rend aymable,
L'vn ira dans tes yeux, & l'autre dans fon cœur.

E

Les deux amours defcendent aupres de Semelé.

SEMELE'.

Ah? que de voftre part tant d'heur & de puiffance,
Preuue bien clairement l'honneur de ma naiffance:

VENVS.

Mais ce n'eft pas affez du glorieux fecours
    Que te promettent ces amours;
Tu vas voir dans ces lieux la charmante deeffe,
La mere des amours l'immortelle ieuneffe,
Te fuiure inceffamment dans cet heureux feiour.
Elle vient, c'eft affez d'elle ie me retire:
Ie laiffe aupres de toy, ma fille & c'eft tout dire,
Ie laiffe aupres de toy la ieuneffe & l'amour.

SCENE III.

VENVS *remonte au Ciel tandis que la Ieuneffe defcend dans vn char auec vne Couronne de fleurs à la main.*

LA IEVNESSE, SEMELE', *deux amours.*

PAr ce mefme pouuoir, que vient de faire naî-
 ftre
Tout ce que dans ces lieux Iupiter fait paraiftre,
Ie viens icy Princeffe executer fes loix.
C'eft par fon ordre expres & par fon propre choix,
Que ma main de ces fleurs a fait vne Couronne,
C'eft par fon ordre auffi que ma main vous la donne.
Tout ce que fur ce teint le Ciel a mis de fleurs,
Et tout ce que i'y mets de brillantes couleurs,

Conseruera tousiours ces graces naturelles
A l'ombre & sous l'abry de ces fleurs immortelles.
Le temps ce vieux tiran de toutes les beautés
N'eust iamais droit d'entrer dans ces lieux respectez,
Et s'il regne par tout sur tout ce qui respire,
Il perdra pres de vous ses droicts & son Empire :
Sans cesse malgré luy ie veux suiure vos pas.
Vous venez rendre hommage à ses diuins appas,
Plaisirs, venez icy mes compagnons fidelles,
Et faites vostre Cour à la Reyne des belles.

Les plaisirs descendent des quatres coins du Théatre.

LES PLAISIRS auec la ieunesse dansent vne entrée de ballet deuant Semelé, & les deux amours se meslent à leur danse.

LA IEVNESSE apres auoir dansé.
Voila le foible essay de vos contentemens ;
   Vous aurez dans tous les momens
Ou de nouueaux plaisirs ou des beautez pareilles.
Commandez ; vous auez vn plain pouuoir sur nous :
Mais attendés encor de plus grandes merueilles
De ces puissans amours, que ie laisse auec vous.

La Ieunesse remonte au Ciel ; suiuie des Plaisirs.
SEMELE' aux deux amours.
Vous donc diuins enfans, dont la seule puissance
Peut d'vn bon-heur sans borne affermir l'esperance,
Pour éleuer ma gloire au comble de mes yeux,
Rendez vn Dieu constant, comme il est amoureux,
Mais quel nouuel éclat vient augmenter ma ioye ?
C'est Mercure, c'est luy que Iupiter m'enuoye.

SCENE IV.

IVNON *déguisée en Mercure*, SEME-
LE', *deux Amours*.

IVNON.

OVy ie viens de sa part vous tirer d'vne erreur,
Qui vous liure aux desirs d'vn infame imposteur.
Vn amant qui se cache & qui n'oze paroistre
Se nomme Iupiter & se vante de l'estre ;
L'Enfer preste à sa flâme vn merueilleux pouuoir,
Et tout ce qu'en ces lieux ces charmes vous font voir
N'est qu'vne illusion d'images empruntées,
Et le pompeux amas de beautez enchantées.

SEMELE'.

Est-ce vous que i'entens, Mercure ? quoy Venus
L'Aurore, & d'autres Dieux si grands & si connus,
Ont ils authorisé cette lâche imposture ?
Contre leur témoignage en croiray-ie Mercure ?

IVNON.

Non non n'en croyez pas le fils de Iupiter,
De cette douce erreur vous deuez vous flatter ;
Mettez dans vostre esprit cette belle chimere ;
Dites, pour vous tromper que ie trompe mon pere :
Puisque Europe autrefois eust dequoy le charmer,
Vous estes de son sang, il peut bien vous aymer ;
Ce n'est pas d'auiourd'huy qu'il ayme des mortelles,
Et l'on peut vous compter au nombre des plus belles ;
Tout le Ciel a-t'il rien, qu'on vous peust comparer ?
Iupiter à Iunon vous à deub preferer :
Elle est Reyne du monde, elle est belle & deesse ;
Mais enfin elle est femme & vous estes maistresse ;

Ce beau nom vous suffit & c'est assez pour vous
De vaincre vne Deesse aux yeux de son espoux.
I'ay pitié d'vn orgüeil si foible & si credule ,
Et pour destruire enfin vne erreur ridicule,
Qui du grand Iupiter merite le courroux ,
Fantômes deceuans éuanouyssez-vous.
Hé bien m'en croirez-vous?

Le iardin enchanté disparoit & le parc reuient.

SEMELE'.

Ah surprise mortelle,
I'ay pris pour Iupiter vn fourbe vn infidelle.

IVNON.

Voila de vostre orgüeil la vaine illusion,

SEMELE'.

Vous me couurez de honte & de confusion.
Quoy cet amour d'vn Dieu, cette illustre auanture,
Quoy tout ce que i'ay veu n'estoit qu'vne imposture?
Voicy ces mesmes lieux où ce perfide amant
Sema tous les appas d'vn long enchantement,
Ou de ce grand amas de plaisirs & de gloire,
A peine en reste-t'il vn ombre en ma memoire,
Abandonnez ces lieux infidelles amours,
Contre vn faux Iupiter ridicule secours,
Allez qu'à d'autres soins vostre pouuoir s'applique,
Enfans d'vne Venus trompeuse & chimerique.

Vn des amours.

Nous t'alons obeïr , mais s'il faut te quitter
Princesse écoute au moins ce fidelle langage.
Cet enuoyé de Iupiter
T'abuze par vn faux message :
Ce feint ou vray Mercure est luy-mesme vn trompeur,
Sçache que ce n'est point vn imposteur qui t'ayme,
C'est Iupiter luy-mesme,
Nul ne sçayt mieux que moy le secret de son cœur.

Les deux Amours s'enuolent.

SCENE V.

SEMELE', IVNON.

SEMELE'.

QV'elle est cette estonnante & bizarre auanture?
Et qui croiray-ie enfin d'amour ou de Mercure?
IVNON.
Princesse en doutez-vous!
SEMELE'.
　　　　　　　Puis-ie n'en pas douter?
Vous estes confident & fils de Iupiter,
Mais peut-estre qu'amour son vainqueur & son Maistre.
IVNON.
L'en croyez-vous si-tost qu'il se yante de l'estre?
Ces yeux à qui l'amour doit le nom de vainqueur
N'ont garde de douter d'vn si charmant honneur :
Vous pourriez toutesfois, sçachant ce que vous estes
Prendre d'autres garands pour de telles conquestes.
Mais n'en croyez icy Mercure ny l'amour,
Et dans ces lieux suspects craignez quelque faux iour.
Que ce Dieu supposé si grand en apparence
Vous fasse vn digne essay de sa toute puissance ;
Qu'il descende du Ciel auec la foudre en main,
Auec tout l'appareil du pouuoir souuerain,
Et tel qu'il est enfin quand pour plaire à sa femme,
Il s'offre tout brillant de lumiere & de flâme.
C'est comme cet amant se doit montrer à vous ;
SEMELE'.
Ouy sans doute il me doit vn spectacle si doux :

C'eſt ainſi qu'à mes yeux cet amant doit paroiſtre ;
S'il n'eſt pas Iupiter, il eſt digne de l'eſtre.
Graces à voſtre aduis, i'ay trouué le moyen
D'éclaircir plainement ſon deſtein & le mien ;
Mais c'eſt trop s'amuſer, cette longue retraitte
Peut trouuer dans la Cour vn mauuais interprette.
  Cependant allez dire à voſtre Iupiter,
Que ſi de ſon amour mon cœur s'oze flatter
Ie ne puis conſentir à perdre tant de gloire ;
Voſtre nom vos diſcours m'obligent de vous croire ;
Mais il faut que l'eſſay, dont vous eſtes l'autheur
Me montre clairement que i'ayme vn impoſteur.

SCENE VI.

IVNON ſeule.

VA ce fatal eſſay te couſtera la vie ;
  Tu mourras ma riualle & ma rage aſſouuie ...
Mais i'apperçoy Momus.

SCENE VII.

IVNON. MOMVS.

MOMVS.

AH ? Mercure eſt-ce toy ?
Viens-tu pour mon honneur reprendre ton employ ?
Tu ſçais qu'elles raiſons m'ont fait prendre ta place ;
Mais i'ayme mon meſtier, & le tien m'embaraſſe.
Il faut pour ce commerce vn confident diſcret,
Et ie ſuis fort mal propre à garder vn ſecret.
De l'employ de cenſeur, ie ne puis me defaire :
Mon metier vaut celuy de Iupiter ton pere :
Qu'il diſpoſe de tout, qu'il regne dans les Cieux,
Qu'il gouuerne à ſon gré les hommes & les Dieux,
Il a droit de tout faire, & i'ay droit de tout dire ;
Il eſt armé de foudre, & moy de la ſatire :
L'empire d'vn cenſeur va plus loin que le ſien ;
Il épargne les Dieux, & ie n'épargne rien :
Quand ie puis cenſurer ſelon ma fantaiſie,
C'eſt vn plaiſir qui vaut toute noſtre ambroſie.
Toy qui fais vanité de plaire & de flatter ;
Toy qui trahis Iunon pour ſeruir Iupiter ....
Mais tu reſues, d'où vient vn ſi morne ſilence
A l'orateur des Dieux ; au Dieu de l'éloquence ?

IVNON.

Ah ? Momus connois mieux ſous ces traits ſuppoſez,
Celle qui ſe déguiſe à tes yeux abuſez ;

Tu vois icy Iunon sous ce nouueau visage.

MOMVS.

Ie viens de vous laisser dans vn autre équipage,
La maistresse des Dieux se déguiser ainsi ?
Ie blâmois Iupiter & ie vous blâme aussi.
C'est sans doute vn effet de vostre ialousie.

IVNON.

Toy qui sçays les transports de cette frenesie,
Pourquoy m'as tu fait voir en amy peu discret,
(Par zele ou par chagrin) cet azile secret,
Que Iupiter expres a fait pour sa maistresse ?

MOMVS.

Ie ne puis rien cacher, c'est mon foible Déesse,
D'ailleurs si de ce Dieu i'éuante le secret,
C'est vn iuste despit qui me rend indiscret:
Quand pour seruir sa flâme ie m'erige en Mercure,
Ie trahis son amour pour vanger mon iniure,

IVNON.

Et i'ay sçeu profiter d'vn secret éuenté,
Faisant éuanoüir le iardin enchanté,
Et trompant Semelé dessous cette apparence,
Elle croit mes aduis, les suit sans deffiance,
Et de ces faux conseils ignorant le danger.....

MOMVS.

Quoy tousiours dans l'esprit le soin de vous vanger ?

IVNON.

Verray-ie sans courroux ces amours infidelles,
Et tout mon bien en proye à des beautez mortelles ?

MOMVS.

Et ne sçauez-vous pas Déesse qu'vn grand Dieu
Ne sçauroit s'empescher d'aymer en plus d'vn lieu ?
Qu'ayant vn riche fonds de tendresse & de flâme,
Il en peut dérober quelque part à sa femme.

Voulez-vous tout pour vous, tout son temps, tout ses
    soins ?
Pour eitre vn peu galand vous en ayme-t'il moins ?
Croyez-moy, laissez-luy ces ardeurs passageres,
Cette courte inconstance, & ces flâmes legeres:
Les beautez de la terre auec tous leurs appas
Amusent Iupiter, & ne l'arrestent pas.

IVNON.

Quoy le censeur des Dieux excuse vn infidelle ?

MOMVS.

Ie me lasse d'ouïr cette vieille querelle,
Ce courroux importun qui trouble tous les Cieux,
Et dont vous fatiguez les hommes & les Dieux.

IVNON.

En effet ie rougis de l'ardeur qui m'emporte ;
Va dire à Iupiter que ma fureur est morte :
Mais cache-luy l'estat où tu trouues Iunon;
Adieu ie vais reprendre & mon char & mon nom.

MOMVS.

Ie vous seray fidelle, & ie sçauray me taire,
Elle à beau déguiser sa haine & sa colere ;
Elle m'en a trop dit pour cacher son courroux.
Allons de sa vengeance aduertir son époux :
S'y i'offence Iunon, que ne se souuient-elle
Que i'ay pour le secret vne haine mortelle ?

Fin du troisiesme Acte.

ACTE IV.

SCENE I.

La Decoration du Theatre est composée d'un
Portique magnifique, & du Temple
d'Hymenée.

STANCES.

SEMELE'.

CEsse de m'abuser esperance orgueilleuse ;
Ie ne voy plus le Dieu qui regne dans mon cœur,
  Il se cache cet imposteur,
Qui flattoit de mes feux l'erreur ambitieuse.
Helas ! faut-il cesser d'aimer en si beau lieu?
Quelque choix , quelque amant que mon destin m'a-
  preste,
    La plus pretieuse conqueste ,
L'est bien moins que l'erreur de posseder vn Dieu.

Cher Prince, dont l'amour fut si pure & si tendre,
Toy que i'abandonnay par l'espoir seulement,
    D'auoir vn Dieu pour mon amant,

Ne m'offre plus vn cœur que ie ne puis reprendre.
Apres auoir flatté l'orgueil de mes defirs.
De la flamme d'vn Dieu que ie creus veritable,
　　Apres cet efpoir adorable,
Peut-on s'accouftumer à de moindres foufpirs?

Ie te plains, Alcmeon, & ce refte de flame,
Te fait voir le remordsd'vn changement fatal:
　　Mais enfin tu fçais quel riual,
Ou pluftoft quel orgueil t'a chaflé de mon ame.
Tu deuois de ma flame attendre vn prompt retour,
Apres auoir guery l'erreur de ma tendreffe;
　　Mais la gloire eft vne maiftreffe,
Qui veut eftre obeye auffi-bien que l'Amour.

Ie l'entens cette gloire inceffamment me dire,
Qu'vn cœur qui s'eft flatté iufques à fe vanter,
　　D'enchaifner le grand Iupiter,
Ne doit plus d'vn mortel reconnoiftre l'empire.
Il eft vray que l'Amour à demy reuolté,
Honteux de fon erreur d'vn ton plus fauorable,
　　Parle pour vn Prince adorable,
Et ce tendre difcours eftonne ma fierté.

Souftien ce mouuement que l'amour authorife,
Prince pour toy ie laiffe échaper des foufpirs,
　　Et parmy de foibles defirs,
Ie te preffe vn fecours dont la gloire eft furprife.
Menage le moment de ce tendre retour,
Et pour ne laiffer plus balancer la victoire,
　　Ne laiffe plus parler la gloire,
Ie l'ay prefque oubliée en faueur de l'amour.

SCENE II.
SEMELE', DIRCE'.

SEMELE'.

Vien, Dircé, vien calmer le trouble de mon ame;
Ie consultois icy mon orgüeil & ma flame,
Et mon cœur partagé combatoit tour à tour,
Tout ce que me disoit ma gloire & mon amour.
Tu sçais ce que ie dois au rapport de Mercure,
Et d'vn faux Iupiter la fatale auanture.
Le fidelle Alcmeon en secret dans mon cœur,
Me demande vn amour qu'vsurpe vn imposteur :
Ce cœur tout indigné me presse de le rendre ;
Mais ma gloire aussi-tost semble me le deffendre,
Et ie sens de l'orgueil l'imperieuse loy,
Prendre, malgré l'amour, trop de pouuoir sur moy.

DIRCE'.

Quel est donc cét orgüeil, Madame, qu'il s'explique,
Luy, qui parle si fort pour vn Dieu chimerique.
La gloire defend-elle à ce cœur abusé,
De preferer vn Prince à ce Dieu supposé ?

SEMELE'.

La gloire permet-elle à ma flame trompée,
Qui de l'espoir d'vn Dieu s'estoit preoccupée,
D'accepter vn mortel, & par ce changement,
Faire éclater ma honte & mon aueuglement ?

DIRCE'.

Mais d'vn scrupule vain vostre gloire est gesnée :
On vient d'ouurir pour vous le temple d'Hymenée.

Ah! Dircé, c'est icy qu'vn scrupule si fort,
Pour reuolter mon cœur redouble son effort.
Quoy i'aurois dit par tout que c'est vn Dieu que i'ai-
me,
Et ie pourrois tomber dans cette honte extreme,
D'aduoüer que i'ay feint d'aimer en si haut lieu,
Ou dans la lascheté d'abandonner vn Dieu?
Non ie diray tousiours que Iupiter m'adore.
Ie l'ay dit, ie l'ay creu, ie le veux croire encore.
Peut-estre que Mercure auec vn faux rapport ....
Mais le Prince paroist, ie tremble à son abord.
Glorieux sentimens, dont ie suis idolatre,
Ramassez vostre force, on vient pour vous combattre;
Ne vous desmentez point, espargnez à mon front,
La honte qui suiuroit vn changement si prompt.

SCENE III.

ALCMEON, SEMELE', DIRCE'.

ALCMEON.

MAdame vous sçauez l'ordre de vostre pere :
Pardonnez, si l'ardeur d'vn amour temeraire,
Se laissant emporter au dernier desespoir,
Abuse contre vous du souuerain pouuoir.
Ie me suis dit cent fois en secret, à moy-mesme,
Qu'il faut cesser d'aimer quand Iupiter vous aime,
Et que d'vn foible amant le sort trop inégal,
Doit trembler prés d'vn Dieu qui s'est fait mon ri-
ual.

Toutesfois ie ne puis luy ceder ma Princesse,
Et quand trop de puissance estonne ma foiblesse,
A ma flame en secret ie preste cét appuy,
Il peut tout, il est Dieu, mais i'aime plus que luy,
Et s'il faut à son rang ceder tout l'auantage,
Quiconque a plus d'amour merite dauantage.

SEMELE'.

Qui vous fait presumer qu'il aime moins que vous?
Mais ie veux que son cœur ne soit pas tout à nous,
Ie veux que d'autres soins occupent sa memoire;
Vn regard que pour nous il desrobe à sa gloire,
Vn penser destourné des soins de sa grandeur,
Vn seul souspir vaut plus que toute vostre ardeur.

ALCMEON.

Ah! Princesse, l'amour parle vn autre langage;
La seule ambition touche vostre courage.

SEMELE'.

Quoy le grand Iupiter, vn si parfait amant,
Ne peut-il d'vn cœur tendre estre aimé tendrement?

ALCMEON.

Peut-on l'aimer ainsi si son cœur est volage?

SEMELE'.

Il suffit vn moment d'auoir cét auantage:
Ce moment glorieux respand sur l'aduenir
L'eternelle douceur d'vn si beau souuenir.
Ie vous pers à regret, & mon cœur en souspire;
Ie sçay que vostre hymen me promet vn Empire;
Mais l'hommage d'vn Dieu, fust-il d'vn seul mo-
    ment,
Vaut cent throsnes offerts des mains d'vn autre amant.

ALCMEON.

Poussez iusques au bout cette belle maxime:
Ce digne emportement rend le mien legitime;
Mesprisez le pouuoir & d'vn pere & d'vn Roy;
Faites tout pour ce Dieu, ie feray tout pour moy.

SEMELE'.

Quoy ne voyez-vous le Dieu qui vous menace?

ALCMEON.

Ie crains peu son courroux., si vous me faites grace.

SEMELE'.

C'eſt vous perdre, Seigneur, que de vous ſecourir.

ALCMEON.

N'importe, ie ne veux que vous ſeule & mourir.
Que Iupiter eſclate & me reduiſe en poudre,
Que ie tombe à vos pieds, & par vn coup de foudre,
Puis-ie me reſeruer pour vn plus digne autel?
Dois-ie eſchaper aux coups de ce bras immortel?
Pour le moins, puis qu'enfin il faut que ie periſſe,
Ie puis faire à vos yeux vn si grand ſacrifice,
Que le plus grand des Dieux en doit eſtre ialoux.

SEMELE'.

Que pouuez-vous pour moy?

ALCMEON.

Ie puis mourir pour vous,
Et rien ne vaut aux yeux de mon amour fidelle,
La gloire d'vne mort dont la cauſe eſt si belle:
Ce Dieu pour qui ie voy qu'on veut m'abandonner,
A-t'il du ſang à perdre, vne vie à donner?
Et si vous demandez & ſon ſang & ſa vie,
Voſtre Dieu pourroit-il contenter voſtre enuie?

SEMELE'.

Viuez, Prince, viuez, & peut-eſtre qu'vn iour....

ALCMEON.

Et peut-eſtre eſt-ce là l'eſpoir de mon amour?
Apres que Iupiter à vos vœux infidelle,
Aura mis dans ſon cœur vne flame nouuelle,
Peut-eſtre alors vos vœux ne ſeront que pour moy.
Non, non cruelle, il faut ſuiure l'ordre du Roy;
Ie veux abſolument acheuer l'hymenée.

SCENE

SCENE IV.

LA REINE, SEMELE', ALCMEON, DIRCE'.

LA REINE.

EN vain aupres du Roy ma tendreſſe obſtinée,
A taſché de combattre vn hymen reſolu ;
Il faut aller au temple, & l'ordre eſt abſolu.
Eſclaue de ſa foy, dont il fait ſon idole,
Il croit deuoir aux Dieux bien moins que ſa parolle,
Et ſans conſiderer vn Dieu fier & ialoux,
Pour tenir ſa promeſſe, il braue ſon courroux.
Mais que pretendez-vous, Alcmeon ?

ALCMEON.

Ah ! Madame,
Ie connoy tout entier le mal-heur de ma flame :
Mais dans mon deſeſpoir contre la trahiſon,
Ie ne connois ny Dieux, ny conſeil, ny raiſon.
Reſiſter contre vn Dieu c'eſt vne audace extreme ;
Mais enfin qu'ay-ie à craindre en perdant ce que i'aime ?
Si ie luy cedois tout, par la peur de perir,
Il me laiſſeroit viure, & ie cherche à mourir.

LA REINE.

Perdez, Prince, perdez cette funeſte enuie ;
Conſeruez pour le throſne vne ſi belle vie ;
Souffrez que Iupiter....

ALCMEON.

Que me demandez-vous ?
En gardant Semelé ſera-t'il ſon eſponx ?

Ie fçay bien que ce Dieu confacre ce qu'il aime,
Qu'au fang de voftre fille il s'attache luy-mefme ;
Mais prefererez-vous de legeres amours,
Aux ardeurs d'vn mortel qui dureront toufiours ?

SEMELE'.

Mais enfin que ce Dieu foit conftant ou volage,
Ie l'aime, ie l'adore, en faut-il dauantage ?
Ie le repete encor', n'aimaft-il qu'vn moment,
Le plus fidelle efpoux vaut moins que cét amant.
Au moins, s'il me trahit, fi ie perds ma victoire,
Ie fçay plus d'vn moyen pour conferuer ma gloire,
Et c'eft tropour vanger mes vœux humiliez,
De voir vn feul moment Iupiter à mes pieds.

LA REINE.

Prince vous la voyez pleine de cette idée,
De l'orgüeil de fon choix tellement poffedée,
Qu'il n'eft point de mortel, qu'elle veüille efcouter
Ny peut-eftre de Dieu s'il n'eft pas Iupiter.
Laiffez à fa fierté ces biens imaginaires,
Ces nobles vifions, ces brillantes chimeres.
Vous, portez autre part vos amoureux defirs,
L'ingratte ne veut pas l'honneur de vos foufpirs ;
Retirez voftre cœur des mains d'vne infidelle.

ALCMEON.

Ie voy dans vos confeils plus d'orgueil que de zelle.
Voftre fille n'agit que par vos mouuemens,
Elle a tout voftre cœur, & tous vos fentimens.
Vous croyez que le fang d'vne race diuine,
A droit de remonter iufqu'à fon origine,
Et que fans voir l'abyfme, où l'orgüeil la conduit,
Il eft beau de tomber, quand on tombe auec bruit.
Le Roy .... mais il s'auance.

SCENE V.

LE ROY, LA REINE, ALCMEON, SEMELE', DIRCE', Suitte.

LE ROY.

HE bien se rendra-t'elle,
Cette ame ambitieuse à mes loix si rebelle !
Croit-elle que le nom de souuerain des Dieux,
Que ce nom éclatant ait esblouy mes yeux ?
Ie n'examine point si c'est histoire ou fable,
Et si son Iupiter est feint ou veritable.
Quoy qu'il en soit, il peut vzer de son pouuoir ;
Mais non pas m'empescher de faire mon deuoir.
Venez, Seigneur, suiuez, & vous aussi Princesse ;
Allons dedans ce Temple accomplir ma promesse.

SEMELE'.

Que faites-vous, Seigneur, i'embrasse vos genoux.

LA REINE.

C'est tout perdre, Seigneur, & i'en tremble pour vous.

SEMELE'.

Voulez-vous irriter le maistre du tonnerre ?

LA REINE.

Luy prefererez-vous vn amant de la terre ?

SEMELE'.

Vous deuez à ses loix bien plus qu'à vostre foy.

LA REINE.

Vn Dieu peut dégager la parolle d'vn Roy.

F iij

SEMELE'.
Par luy voſtre grandeur doit eſtre ſans ſeconde.

LA REINE.
Par luy Thebes ſera la maiſtreſſe du monde.

LE ROY.
Eſprits ambitieux que vous connoiſſez mal,
Le peril d'vn amour qui vous ſera fatal !
Et ne ſçauez-vous pas que les Dieux infidelles,
Au gré de leurs deſirs, ſe ioüent des mortelles,
Et que l'illuſion d'vn orgueil abuſé,
D'vn mortel quelquesfois fait vn Dieu ſuppoſé ?
Allons ſans plus tarder au temple d'Hymenée,
De ce Prince à la voſtre vnir la deſtinée.

SCENE VI.

HYMENE'E *paroiſt à l'ouuerture du Temple, & dit au Roy.*

N'Atten rien de l'Hymen, ny du reſte des Dieux,
Le Ciel a pour toy tant de haine,
Que ie me voy forcé d'abandonner ces lieux,
Par le commendement d'vne loy ſouueraine.

L'Hymenée s'enuole & à meſme temps l'Antre de la Ialouzie paroiſt à la place du Temple.

LE ROY.
Que vois-ie, iuſtes Dieux, quel eſt ce grand couroux ?
Et le temple, & le Dieu, tout s'enfuit deuant nous.

et ie vois à leur place vn horrible spectacle.
Dieux que m'annoncez-vous par cet affreux miracle!
ALCMEON.
Voſtre perte & la mienne, il n'en faut plus douter:
Des coups ſi ſurprenans partent de Iupiter.
Ie vous l'ay deſia dit, c'eſt Iupiter luy-meſme,
Qui veut par ſes efforts m'arracher ce que i'aime.
Sortons, Seigneur, ſortons de ces lieux pleins d'effroy;
Helas! ie ne vaux pas le trouble où ie vous voy.
De plus heureux deſtins attendent la Princeſſe.
LE ROY.
Ie crains peu ces horreurs, & ie ſuis ſans foibleſſe.
Iupiter à ſon gré, ce fameux rauiſſeur,
Peut enleuer ma fille auſſi-bien que ma ſœur;
Mais que d'vn Dieu tyran la fureur obſtinée,
S'oppoſe inceſſamment à ce iuſte hymenée;
Ie tiendray ma parole, & i'iray iuſqu'au bout.
LA REINE.
Vous obſtinerez-vous contre vn Dieu qui peut tout?
Voyez encor l'enfer pour rompre voſtre enuie,
De ce fonds tenebreux vomir vne furie,
Fuyons Seigneur.
LE ROY.
Fuyons, allons en d'autres lieux,
Acheuer cet hymen, & chercher d'autres Dieux.

SCENE VII·

La Ialousie sort d'vn abysme qui s'ouure dans le fonds de l'Antre.

LA IALOVZIE, LE ROY, LA REINE, SEMELE'.

LA IALOVZIE.

ARreste, pere aueugle, ou menes-tu ta fille?
Ce mal-heureux hymen va perdre ta famille.
Au lieu de l'Amitié, de l'Honneur, de la Foy,
Qui doiuent assister à l'heureux hymenée,
Pour vnir cét amant à cette infortunée,
    Tu n'auras d'autres Dieux que moy.
    Ie suis la noire Ialouzie,
Qui puis quand ie le veux par vn poison fatal,
Des plus heureux amans broüiller la fantaisie :
Crain pour tous deux le fleau de l'amour coniugal.
Adieu, ie vais semer mille & mille querelles,
    Chez les amans les plus fideles.

La Ialouzie s'enuole dans les airs.

SCENE VIII.
LE ROY, LA REINE, &c.

LA REINE.

VOus le voyez Seigneur tout parle contre vous.
LE ROY.
Non non, & tous les Dieux ne sont pas contre nous;
C'est de son imposteur le dernier artifice;
De ces illusions l'enfer est le complice.
Qu'il arme encor s'il peut le Ciel contre mon choix:
La parole & l'honneur sont les Dieux des grands Roys,
Mais il nous reste encore nostre grande Déesse.
C'est à toy seule enfin Pallas, que ie m'adresse,
Pour vnir ces amans preste nous tes Autels,
Et redouble l'ardeur de tes soins immortels.
Nous sommes exaucez, malgré ces noirs presages,
Madame ie la vois au trauers ces nuages;
La Déesse descend, & sa diuinité
Fait plus qu'à l'ordinaire éclatter sa fierté.

SCENE IX.

IVPITER, *sous l'habit de Minerue*,
LE ROY, LA REINE, SEMELE,
ALCMEON, *suite.*

IVPITER dans les airs.

Roy de Thebes en vain en faueur de ta fille,
 J'ay preſſé le grand Iupiter;
  Ce Dieu ne veut plus m'écouter,
  Pour l'intereſt de ta famille:
Ta deſ-obeyſſance irrite ſon courroux.
 Roy, Reyne, Prince, allez, retirez-vous,
Dérobez la Princeſſe à ce triſte Himenée:
C'eſt trop peu que le thrône il luy faut des Autels;
  La hauteur de ſa deſtinée
La rend inacceſſible aux ſoûpirs des mortels.
   LE ROY.
Déeſſe, j'obeis, toute ma reſiſtance
Ne ſçauroit plus tenir contre voſtre preſence:
Vous pouuez tout ſur nous, & voſtre ſeule voix
Fait rompre ſans remors la parolle des Roys.
   IVPITER.
Sortez donc de ces lieux qu'vn chacun ſe retire.
Vous Princeſſe arreſtez, j'ay beaucoup à vous dire.
  Iupiter deſcend ſur le Theatre.
   ALCMEON à *Semele.*
Les Dieux ont ſecondé voſtre iniuſte rigueur
Cruelle, ils deuoient ſeuls acheuer mon mal-heur,

Et i'auois merité de perdre ce qne i'aime,
Pour la haine des Dieux, & non pas par vous mesme.

LA REINE.

Ioüis de ta fortune & souftiens dignement,
L'illuftre choix d'vn Dieu, qui s'eft fait ton amant.

SCENE X.

IVPITER, SEMELE'.

SEMELE'.

AH ! Deeffe fans vous par vn ordre feuere . . . . .
Mais que vois-ie ? eft-ce vous, Minerue ou voftre
   pere ?
D'où me vient tout d'vn coup vn trouble fi puiffant?
A iuger des tranfports que mon ame reffent,
I'en reconnois la caufe, & fi ie l'oze dire,
Ils ne font pas de ceux qu'vne Deeffe infpire.
Ces traits me font conneus fous ce déguifement :
C'eft Iupiter luy-mefme, ou du moins mon amant.

IVPITER.

Princeffe pouuez-vous feparer l'v n de l'autre ?

SEMELE'.

Mon amour eft trop grand pour foupçonner le voftre,
Les furprenans effets d'vn merueilleux pouuoir,
Cent miracles d'amour me le font affez voir.
Cependant cet amant n'eft pas le Dieu que i'aime,
Et ie puis oppofer Iupiter à luy-mefme,
Puifqu'vn Dieu de fa part, dont ie ne puis douter,
M'apprend qu'vn impofteur s'erige en Iupiter.

IVPITER.

Momus m'a tout appris touchant cette imposture :
Iunon vous a parlé sous l'habit de Mercure,
Et pour vous abuser me traittant d'imposteur.....

SEMELE'.

S'il est ainsi, pourquoy connoissant mon erreur,
Me laisser si long-temps dans cette incertitude,
Et liurer mon amour à tant d'inquietude ?
Helas! si vous m'aimes, falloit-il vn moment
Laisser ce tendre cœur douter de son amant ?
Loin de moy d'autres soins vous occupent sans cesse :
Vous ne voudriez pas pour toute ma tendresse
Suspendre vn seul moment vostre diuin employ ;
Quand on n'a rien à faire alors on pense à moy :
C'est le sort malheureux d'vne foible mortelle.

IVPITER.

Hé! ne voyez-vous pas, Princesse auec quel zele,
Ie m'oppose aux desirs d'vn pere & d'vn amant :
Ie fais dans vostre Temple vn affreux changement ;
Ie soufleue l'Enfer, ie descens sur la terre ;
I'abandonne le Ciel, ma gloire & mon tonnerre,
Et sçachant qu'en ces lieux Minerue a tout pouuoir,
Sous l'habit de Minerue icy ie me fais voir.

SEMELE'.

N'auez-vous pas par tout vne égalle puissance ?
Pourquoy vous desguiser sous vne autre apparence ?
Iupiter doit rougir sous vn nom estranger :
Vn Dieu quand il peut tout n'a rien à ménager.
Ah ? vous ne l'estes pas, ou n'ozez le paroistre.

IVPITER.

Que faut-il faire enfin pour me faire connoistre ?
I'atteste du destin le pouuoir glorieux,
Que s'il est vn moyen pour me connoistre mieux

SEMELE'.

Il en eft, & i'en ſçay qui feront infaillibles,
Monftrez de Iupiter des marques plus fenfibles.
Vous deuez autrement vous monftrer en ce lieu ;
Pour vous faire connoiftre il faut paroiftre en Dieu.

IVPITER.

Que me demandez-vous trop aueugle Princeffe?
Ah! c'eft là le conſeil de la grande Deeffe.
Gardez-vous d'efcouter ce conſeil dangereux ;
Contentez-vous de voir Iupiter amoureux,
Iupiter defarmé de ces clartez terribles,
Qui rendent aux mortels les Dieux inacceſſibles.

SEMELE'.

Eft-ce trop de le voir vne fois glorieux?
Ah! ne refufez-pas ce plaifir à mes yeux ;
Monftrez-moy mon amant auecque tous fes charmes.
Ah! vous ne m'aimez point.....

IVPITER.

Ah! cachez-moy ces larmes.
Helas! ſçauez-vous bien ce que vous demandez?

SEMELE'.

Tout me femblera doux fi vous me l'accordez ;
Vous me l'auez iuré Iupiter c'eft tout dire.

IVPITER.

Ie l'ay iuré, Princeffe, & mon cœur en fouſpire ;
Mais fongez aux perils qui menacent vos iours.

SEMELE'.

Quels perils ay-ie à craindre auec voftre fecours?

IVPITER.

Ie ne ſçay fi ie puis vous fauuer de moy-mefme ;
On s'oublie aifement auprès de ce qu'on aime.
Vn rayon échappé de cette maieſté,
De cet éclat qui fort d'vne diuinité,
Peut embrazer le monde & mettre tout en cen-
dre.

SEMELE'.

Plus contre mes defirs vous vous voulez defendre,
Plus mon foupçon reuient, plus i'ay lieu d'en douter,
Si l'amant que i'adore eft le vray Iupiter.

IVPITER.

Faut-il vous le monftrer en perdant ce que i'aime ?

SEMELE'.

Vous me faire perir, c'eft douter de vous-mefme.

IVPITER.

Il n'eft rien de fi feur, croyez-en ces frayeurs ;
Croyez vn Dieu, qui tremble, & qui verfe des pleurs.

SEMELE'.

Qu'ay-je à craindre d'vn Dieu fi tendre & fi fenfible?

IVPITER.

Ce Dieu-là deuenir fi fier & fi terrible....

SEMELE'.

Dans quelque eftat qu'il foit il m'aimera toufiours.

IVPITER.

L'amour dans cet eftat eft vn foible fecours.
Ie vous feray perir en dépit de moy-mefme.

SEMELE'.

Ie ne crains rien d'vn Dieu qui peut tout & qui m'aime

IVPITER.

Vous deuez craindre tout, ie vous laiffe y penfer.

SEMELE'.

Mon efprit fur ce point n'a rien à balancer ;
Ne laiffez plus languir cette douce efperance,
Efpargnez ce tourment à mon impatience.

IVPITER.

Au nom de noftre amour....

SEMELE'.

Ah ! c'eft trop contefter ?

IVPITER.

Vous le voulez, Princeffe, il faut vous contenter.

Iupiter s'enuole dans le Ciel.

Quatre fantofmes paroiffent dans le fonds de l'Antre de
la Ialoufie, & fe prefentent à Semelé.
SEMELE'.

Que vois-je iufte Ciel! quel Dieu me les enuoye,
Ces fantômes affreux au milieu de ma ioye ?

Les fantômes danfent, & apres auoir danfé
SEMELE' continuë.

En vain par ces horreurs on veut m'épouuenter,
Quel qu'en foit le fuccés, ie veux voir Iupiter.

Fin du quatriéme Acte.

ACTE V.

SCENE I.

La Scene eſt dans le Palais Royal.

SEMELE', DIRCE'.

SEMELE'.

QVe d'vn ſuperbe eſpoir mon ame poſſedée,
Se fait de mon amant vne agreable idée !
Que i'auray de plaiſir de le voir en ces lieux,
Apporter cet éclat qui fait trembletles Dieux!
Pour reſpondre à l'honneur que ce Dieu me veut faire,
Ie voudrois des appas plus grands qu'à l'ordinaire,
Leur donner plus de force , & me rendre auiourd'huy
Plus aimable cent fois & plus digne de luy.
  Mais quoy le iour pâlit, & le Dieu que i'adore,
Le puiſſant Iupiter ne paroiſt point encore !
Luy qui voit tout mon cœur , luy qui ſçait mes deſirs,
Qui voit pour ſon retour l'ardeur de mes ſouſpirs,
Me faut-il ſi long-temps attendre ſa preſence ?
Veut-il faire mourir ce cœur d'impatience ?
Te diray-ie, Dircé, que i'oze encore douter,
Si c'eſt vn impoſteur ou le vray Iupiter ?

DIRCE'.

Voſtre doute, Madame, eſt aſſez raiſonnable,
Et quand vous trahiſſez vn heros adorable,
Peut-eſtre que le Ciel pour vanger voſtre amant....

SEMELE'.

Ah ? cruelle veux-tu redoubler mon tourment ?
Mais i'apperçoy Momus, & ie tremble à ſa veüe.

SCENE II.

SEMELE', MOMVS, DIRCE'.

SEMELE'.

Viens-tu de Iupiter m'annoncer la venüe,
Ou d'vne vaine excuſe amuſer mon eſpoir ?

MOMVS.

Non, non, vous le verrez.

SEMELE'.

Ie bruſle de le voir.

MOMVS.

Pour vous du haut des Cieux il s'appreſte à deſcendre :
Mais vn Dieu tel qu'il eſt peut bien ſe faire attendre.
Quoy qu'il donne à l'amour ſes momens les plus doux,
Les ſoins de Iupiter ne ſont pas tous pour vous.
Vous le voulez donc voir auec toute ſa pompe ;
Vous vous abandonnez à l'orgueil qui vous trompe,
Et ſans conſiderer le peril qui le ſuit,
Vous ſuiuez follement l'amour, qui vous conduit.
Vous aimez mieux le voir d'vne ardeur indiſcrette
Auec la foudre en main, qu'auec vne houlette :

G iiij

Cet ornement fied mal au grand Maiftre des Dieux :
Les feux & les efclairs le pareront bien mieux.
Ah ! que vous eftes femme, & que pour eftre aimée,
Du fouuerain des Dieux dont vous eftes charmée,
Vous auez dans la tefte vn orgueil dangereux !
Voir fans bruit en fecret Iupiter amoureux,
C'eft trop peu pour l'honneur d'vne amante orgueil-
    leufe ;
Sa flame eft vne flame illuftre, ambitieufe ;
Alors qu'vn Dieu nous aime on peut eftre indifcret,
Et l'orgueil d'vn tel choix ne veut pas le fecret.
En effet ce feroit perdre toute fa gloire,
De vaincre vn fi grand Dieu, fans vanter fa victoire,
Eftre aimé felon vous n'eft pas le plus grand bien:
Vn triomphe ignoré vous le comptez pour rien.
Il faut s'accommoder à l'efprit d'vne femme ;
Vous demandez du bruit, vous en aurez, Madame ;
Iupiter quand il veut en fçait faire beaucoup ;
Il tonnera pour vous, mais gardez-vous du coup.
        SEMELE'.
Qu'il efclaire, qu'il tonne au peril de ma vie ;
Voyons tout Iupiter, c'eft toute mon enuie:
Qu'on m'accufe d'orgueil, de trop d'ambition,
Iupiter qui voit tout, connoift ma paffion,
Quoy qu'il en foit, il faut que ie me fatifface ;
Comme Iupiter m'aime, il peut me faire grace ;
Il peut en ma faueur fufpendre pour vn temps,
Tout ce qu'ont de mortel des feux trop éclattans.
        MOMVS.
C'eft à dire forcer fa grandeur pour vous plaire,
Et n'apporter chez vous qu'vne foudre legere,
Où fon amour meflant ce qu'il a de plus doux,
Y laiffera bien moins de force & de courroux.
Vous voulez de la pompe, & la voulez commode,
Et qu'à voftre foibleffe vn grand Dieu s'accommode.

Vous beautez d'icy bas vous croyez follement
Qu'on doit tout immoler quand on est vostre amant,
Et qu'on peut d'vn Dieu mesme exiger sans scrupule,
L'effet le plus bizarre & le plus ridicule.
Iupiter a pour vous le cœur fort radoucy ;
Mais ce n'est pas vn Dieu qui se gouuerne ainsi.
Vous le verrez ce Dieu , tel qu'vn Dieu doit paroistre,
Et tel qu'il l'a iuré pour se faire connoistre.

SEMELE'.

C'est comme ie le veux , il ne me plairoit pas,
S'il n'apportoit chez moy tous ses diuins appas :
Ces foudres, ces esclairs, cette pompe terrible,
Me rendront de ce Dieu la presence sensible :
Ie ne douteray plus, & pour ne plus douter,
M'embraze de ses feux le puissant Iupiter.

MOMVS.

Dans vostre appartement vous le pouuez attendre.
Ce tumulte m'apprend qu'il s'appreste à descendre.

SEMELE'.

Ce tumulte agreable a passé dans mon cœur.
Grand Dieu , venez, hastez ma gloire & mon bon-heur.

SCENE III.

IVPITER *descend porté par son Aigle au milieu des nuées enflammées , cependant qu'on chante ces vers.*

IE descends sur la terre auec toutes mes armes,
Auec tout ce que i'ay de puissance & de charmes ;
Mais parmy tant d'éclat quel destin est le mien ?

Ie crains pour Semelé cette pompe mortelle :
Ainsi dans cet estat, Amour tu le sçais bien,
Quand ie fais tout trembler, mon cœur tremble pour
    elle.

Apres que Iupieer est descendu, MOMVS.

Quoy pour vne mortelle apporter icy bas
Cette affreuse beauté, ces dangereux appas !

IVPITER.

Tu ne vois qu'vn essay de cét éclat terrible,
Qui doit rendre à ses yeux tout Iupiter visible :
De peur d'offrir icy ma gloire à d'autres yeux,
I'affoiblis tous les ttaits du grand maistre des Dieux ;
Ils sont pour ma Princesse, & ce n'est qu'aupres d'elle
Que ie veux estaller cette pompe immortelle.
Tu l'as veuë, & tu sçais iusqu'où va cette ardeur,
De voir toute ma gloire, & toute ma grandeur.

MOMVS.

Ouy, mais quand vous venez contenter son enuie,
Songez-vous bien au moins au peril de sa vie ?

IVPITER.

Ie connoy le peril, il n'en faut point douter :
Mais Iupiter l'a dit, il faut l'executer.
Contre vn serment lasché toutrespect est friuole,
Et le destin n'est pas plus seur que ma parole.
Tout le sort des mortels est trop à negliger,
Quand pour eux nostre gloire est en quelque danger.
I'aime, mais i'aime en Dieu, sans honte & sans foi-
    blesse,
La gloire fut tousiours ma premiere maistresse ;
Si ie preste à l'amour ma gloire & mon pouuoir,
Ie sçay sacrifier l'amour à mon deuoir.
I'adore Semelé, le peril est extreme ;
Monstrant ce que ie suis i'expose ce que i'aime ;
Sa curiosité luy va couster le iour ;
Ie le voy, tout mon cœur tremble pour mon amour.

Ie voudrois retenir cette foudre, & ces flames,
Mais quand l'amour a mis son trouble dans nos ames,
Tout eschappe au milieu de ces charmants transports,
Et le dedans troublé respond mal au dehors.
Cependant ma parole a sur moy tant d'empire....

MOMVS.

En effet vn grand Dieu ne doit pas se dédire:
Il fait de sa parole vne eternelle loy,
Perisse tout plustost que manquer à sa foy.
Depuis quand auez-vous ce scrupule dans l'ame:
Cette fidelité qui trahit vostre flame,
N'est-ce point vn pretexte à quelque changement?
Vous vantez vn peu trop le pouuoir d'vn serment;
Ie crois qu'à Semelé vous n'estes si fidelle,
Que par le seul espoir de vous deffaire d'elle.

IVPITER.

Tu respens ton venin sur tout ce que ie fais;
Mais voyons Semelé, contentons ses souhaits.
Tu vois ce que ie fais en dépit de moy-mesme;
Amour sauue de moy si tu peux ce que i'aime.
Toy garde icy mon aigle attendant mon retour.

MOMVS.

Ie garderay vostre aigle, & vous ferez l'amour.

SCENE IV.

MOMVS *seul.*

Fiez-vous à ce Dieu, qui malgré sa tendresse,
Au respect d'vn serment immole sa maistresse.
Vantez vostre pouuoir, vous allez voir enfin,
Orgueilleuse beauté quel est vostre destin.
Durant que Iupiter demeure sur la terre,
Au gré de mon chagrin gouuernons son tonnerre,
Apprenons aux mortels à nous mieux respecter,
Et monstrons à la terre vn autre Iupiter.
Il monte sur l'Aigle.
Mais quoy ie voy desia des flames allumées,
Des gens espouuentez, des femmes allarmées;
Le palais est en feu, Iupiter dans les airs
S'enfuit enueloppé de flammes & d'éclairs.
Quelqu'vn vient, en ces lieux ie ne doy plus paroistre,
Aigle remonte au Ciel, & vole apres ton maistre.

SCENE V.

Tout le fonds du Theatre estant en feu,
ALCMEON, & DIMAS, *sortent*
des deux costez.

DIMAS.

AH ! Seigneur.
ALCMEON.
Ah ! Dimas, quel est nostre mal-heur ?
Secourons la Princesse.
DIMAS.
Il n'est plus temps, Seigneur.
ALCMEON.
Quoy desia.....
DIMAS.
C'en est fait, vne flamme cruelle,
A vengé vostre amour d'vne amante infidelle.
ALCMEON.
Helas ! c'est trop punir son infidelité :
Malgré sa trahison i'adorois sa beauté.
Ie la plains cette ingratte, & la plaindray sans-cesse,
Et si i'oze vn moment suruiure ma Princesse,
C'est pour sçauoir quel sort, dans son appartement
A produit tout d'vn coup ce grand embrazement.
Ce riual immortel, luy qui me l'a rauie,
N'a-t'il pû garantir vne si belle vie ?
Quoy celle qui portoit sa flamme iusqu'aux Dieux,
Perit donc par la flamme, & perit à leurs yeux !

Quoy ce Dieu qui l'aimoit souffre qu'elle perisse!
Est-ce orgueil, ialouzie, inconstance, ou caprice?

DIMAS.

Admirez & plaignez la rigueur de son sort;
Ce grand Dieu, qui l'aimoit, est l'autheur de sa mort.

ALCMEON.

Quoy luy-mesme!

DIMAS.

Ouy Seigneur, cet amant adorable,
Aux vœux de sa Princesse vn peu trop fauorable,
Est descendu du Ciel, pour s'offrir à ses yeux,
Tel qu'il est, quand il regne, & tonne dans les Cieux.
De ce Dieu tout en feu la fatale presence....

ALCMEON.

Quoy ce Dieu plein d'amour manque-t'il de puissan-
ce?
Ou plustost ce grand Dieu, pour luy sauuer le iour,
Auec tant de puissance a-t'il manqué d'amour?
Mais i'apperçoy la Reine.

SCENE VI.

LA REINE, ALCMEON, DIMAS.

ALCMEON continuë.

OV fuyez-vous Madame?

LA REINE.

Ah? Seigneur, rien ne peut esteindre cette flamme.

ALCMEON.

Voila de vostre orgueil le iuste chastiment:
Vous auez allumé ce triste embrazement.
Ie vous le disois bien que les beautez mortelles
Ne trouuoient dans les Dieux que des cœurs infidel-
les.
Si vous auiez voulu consentir à mes vœux,
Vostre fille viuroit, & ie serois heureux.

LA REINE.

Ouy sans doute, Seigneur, & par vostre hymenée
Elle seroit viuante, heureuse & couronnée:
Son orgueil l'a perduë, & ie l'ay trop flatté
Ce malheureux orgueil qu'enfante la beauté.

ALCMEON.

Quelque aueugle amitié que vous eussiez pour elle,
Ie ne m'en prends qu'aux Dieux, qui la firent trop
belle.
Iupiter qui la fit pour le charme des yeux,
Enuioit à la terre vn bien si precieux,
Et de tant de thresors qu'il a voulu reprendre,
A peine ce riual nous laisse vn peu de cendre.

Acheue, Dieu ialoux , & deſtruis promptement,
Tout ce qui reſte d'elle en ce fidelle amant,
Et pour aneantir vn ſi parfait ouurage,
Mets en cendre ce cœur qui garde ſon image.
Mais pourquoy , quand il faut finir mon triſte ſort,
Remettre à mon riual la gloire de ma mort.
Pour lo faire rougir de mon amour fidelle,
Dans cet embrazement allons mourir pour elle.
Mais i'apperçoy Iunon, qui ſemble de ſa main,
Oppoſer à ma mort vn ordre ſouuerain.

SCENE VII.

IVNON *dans ſon char auec ſa forme or-dinaire,* **LA REINE, ALCMEON, DIMAS.**

IVNON *à Alcmeon.*

ARreſte & ne perds pas le fruit de ta vengeance ;
Ma riualle a braué ma haine & ta conſtance,
Et ma haine à fait ſon deuoir.
Ce feu qui me ſeruit contre elle ,
Quand tu veux ſuiure vne infidelle,
S'eſteint & ne veut pas ſeruir ton deſeſpoir.
Le fonds du Palais enflammé ſe change en vn Palais bruſlé.
ALCMEON.
Gardez voſtre ſecours trop ialouze Deeſſe.
Quel ſecours m'offrez-vous quand ie perds ma Prin-ceſſe ?

Cc

Ce feu, qui luy rauit la lumiere du iour,
A vangé voftre haine & non pas mon amour.
En vain vous me voulez empefcher de la fuiure,
En vain ce feu s'efteint pour me forcer de viure :
Cruelle pour finir ma peine & mon malheur,
Helas ! c'eft bien affez de ma feule douleur.

IVNON.

Va mourir, Prince ingrat, indigne de ma grace.
Toy Reine, vante encor la gloire de ta race :
Dans ce palais bruflé, voy comme en fon cercueil,
La folle ambition d'vne fille trop vaine ;
    Voy la peine de ton orgueil,
    Et le triomphe de ma haine.

Iunon remonte dans le Ciel.

LA REINE.

Ie ne connois que trop voftre diuin pouuoir.
Triomphez de ma fille & de mon defefpoir :
Mais pourquoy la punir du crime de fa mere,
L'auois mis dans fon cœur cet orgueil temeraire,
Et c'eft par mes leçons qu'elle ofa fe flatter,
D'arracher à Iunon le cœur de Iupiter.
Mais le Roy vient. Le feu qui brille en fon vifage.

SCENE VIII.
LE ROY, LA REINE, Suitte.

LE ROY.

VOus voyez nos malheurs, & voila voſtre ouura-
ge :
Voila comme les Dieux ſçauent faire l'amour.
Vous me l'auiez bien dit que ie verrois vn iour,
Par la faueur d'vn Dieu ma grandeur ſans ſeconde,
Et que Thebes ſeroit la maiſtreſſe du monde.
C'eſt-là le digne ſort que i'auois attendu.
La honte de mon ſang, tout mon eſpoir perdu,
Mon throſne & mon palais embrazez par la foudre,
Ma fille aneantie, & ſon corps mis en poudre,
Et les iuſtes horreurs qu'attireront ſur nous
Ces effets eſclattans du celeſte courroux.

LA REINE.

Pardonnez ma foibleſſe à cet amour de mere,
Qu'alluma dans mon cœur vne fille ſi chere :
Toute mere eſt aueugle, & ie ſeray touſiours,
Vn exemple eſclattant de leurs folles amours.

LE ROY.

Ie vous pardonnerois cette horrible diſgracè,
Si tout ce que i'en crains ſe bornoit à ma race ;
Mais le Prince accablé de ce dernier malheur
Abandonne ſon ame à toute ſa douleur.
I'ay veu ſon deſeſpoir, & ſa funeſte enuie :
C'eſt par mon ordre en vain, qu'on prent ſoin de ſa
vie ;

L'ingratre, à qui le Ciel vient de rauir le iour,
Trop digne de fa peine, & non de tant d'amour,
Entraifne par fa mort vn amant trop fidelle ;
Il viuoit pour ma fille, il va mourir pour elle.
Helas ! le Roy d'Argos, ce pere infortuné,
Ennoya dans ma cour vn amant couronné,
Vn heros plein d'honneur, de gloire & d'efperance,
Et ie luy rends . . . . ô Dieux ! c'eft Atys qui s'aduance,
Et ie voy dans fes pleurs le mal-heur que ie crains.

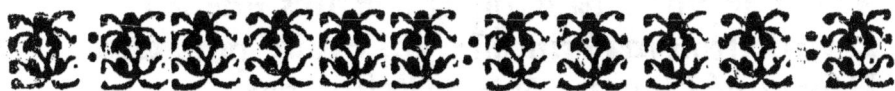

SCENE IX.

LE ROY, LA REINE, ATYS,
Suitte, &c.

LE ROY.

HE-bien le Prince eft mort.
                    ATYS.
                    Nos foins ont efté vains.
Voyant que par voftre ordre, on s'obftine à le fuiure ;
Quoy (nous dit-il) veut-on me contraindre de viure ?
Quelle pitié barbare, & quel iniufte effort
Me condamne à la vie, & m'arrache à la mort !
Mais que tout l'vniuers s'oppofe à mon enuie,
Ie fçay mille chemins pour fortir de la vie.
Là tirant fon efpée, & par vn coup preffé,
De fon fer racourcy, dans fon fein enfoncé,
Il preuient mon deffein, & trompant noftre zelle,
Il tombe dans fon fang d'vne cheute mortelle.
Puis donnant à l'obiet de fes tendres defirs,
Et fes derniers momens, & fes derniers foufpirs,

H iij

Il cherche autour de luy dans ces debris funeftes,
D'vn obiet trop aimé les pitoyables reftes :
Mais fon œil vainement ietté de toutes parts,
Sur vn monceau de cendre arreftant fes regards,
Ne feroit-ce point vous, reliques precieufes,
Cendres, où i'allumeray mes flammes amoureufes ?
Receuez tout mon fang, auec ces triftes pleurs,
Que ie donne à mes maux bien moins qu'à vos mal-
    heurs.
Voyez de vos amants quel fut le plus fidelle ;
L'vn deftruit ma Princeffe, & i'expire pour elle.
Il fut aimé l'ingrat, & ie ne l'eftois pas,
A ces mots fa douleur acheue fon trefpas,
Et tirant de fon cœur vn foupir tout de flâme,
Elle emporte auec luy le refte de fon ame.

LE ROY.
Voila le dernier coup d vn malheur fans égal.

LA REINE.
Que vous auons-nous fait pour nous traitter fi mal,
Iupiter ? Quoy mon fang pour eftre trop aimable,
Pour eftre trop aimé s'eft-il rendu coupable ?
Pourquoy d'vn Prince illuftre & riual & ialoux
Enleuer la maiftreffe, ou la choifir chez nous.
Si ce fatal honneur fait ma honte & ma peine ?
Voftre amour eft-il donc pire que voftre haine ?
Helas ! puifqu'il produit de fi cruels trefpas,
Grand Dieu haiffez nous, ou ne nous aimez pas.

LE ROY.
Dieux quelle furprenante & nouuelle tempefte,
Agite tous les airs & defcend fur ma tefte ?
Quel épais tourbillon fe leue autour de nous ?
C'eft le grand Iupiter ; eft-ce grace ou courroux ?
Il femble que le Ciel eft tombé fur la terre.
Peuples rendez hommage au maiftre du tonnerre.

Le Theatre se change en vn Theatre de nuages,
& Iupiter paroist dans son Palais, qui s'a-
uance insensiblement vers le milieu du
Theatre, durant qu'on chante ces paroles.

Ne craignez plus ce Dieu, dont l'éclat dangereux
    Vient d'embrazer vn obiet plein de charmes,
Iupiter n'aura plus de clartez ny de feux,
    Que pour tarir la source de vos larmes.

SCENE DERNIERE

IVPITER, LE ROY, LA REINE, &c.

IVPITER.

Roy de Thebes, ie viens consoler ta douleur;
Cesse de t'affliger du trespas de ta fille,
Et rends graces au Ciel, d'vn illustre malheur,
Qui consacre à iamais l'honneur de ta famille.

Mais pour ne pas douter d'vn sort si glorieux,
Qui la rend par sa mort plus brillante & plus belle,
Nuages ouurez-vous, & monstrez à ses yeux,
Ce qu'a fait pour sa fille vne main immortelle.
    Semelé paroist au fond du Theatre d'enhaut dans vn
      Ciel lumineux.

Voy quel est le beau coup qui l'arrache aux mortels
Pour le pris d'vn trespas que i'ay causé moy-mesme,
Ie la rends immortelle & digne des autels;
C'est comme Iupiter fait perir ce qu'il aime.

LE ROY.

Pardonnez-moy grand Dieu cette aueugle douleur,
Qui du plus grand des biens se faisoit vn malheur.
I'adore cette main puissante & fauorable,
Qui rend les maux heureux, & la honte honorable.

IVPITER.

Mais ce n'est pas assez pour vanger ton honneur
Que les Dieux soient tesmoins d'vne illustre auanture,
Ie veux que tout le monde apprenne ton bonheur,
Venez icy venez, Renommée & Mercure.

Ces deux diuinitez paroissent.

Voy ces diuinitez fidelles à mes loix,
Tu les verras tousiours fidelles à ta gloire,
Par cét éclat qui suit leur immortelle voix,
Consacrer à iamais ton nom & ta memoire.

LE ROY.

Quels encens, quels presens offerts sur tes autels,
Payeront dignement ces honneurs immortels?

LA REINE.

Ah grand Dieu pardonnez aux douleurs d'vne mere
Vn insolent murmure, vn éclat temeraire ;
Ie vous connoissois mal, & ne preuoyois pas
Les biens que Semelé tire de son trespas.

IVPITER *à la Renommée & à Mercure.*

Vous, allez publier ce que i'ay fait pour elle ;
Allez vanter par tout la gloire de son sort,
Mais auec tant d'éclat, que toute autre mortelle,
Porte enuie aux honneurs d'vne si belle mort.

Mercure & la Renommée s'enuolent iusques au
fonds de la salle.

FIN.

mercure.

nason mariann
pierrotte

www.ingramcontent.com/pod-product-compliance
Lightning Source LLC
Chambersburg PA
CBHW060637100426
42744CB00008B/1657